U0940266

文化和旅游部首批文化和旅游行业智库试点单位研究成果

中国旅游市场发展与监管报告

（2021）

Report on China Tourism Market Development and Regulation

(2021)

主编　邹统钎　吴丽云

中国旅游出版社

目　录

CONTENTS

上篇　发展篇

下篇　监管篇

上篇　发展篇

第一章　国内旅游市场现状及趋势

吴丽云　郭　杨　林婉钊　张昕丽[①]

一、国内旅游发展背景

（一）我国 GDP 保持正增长

新冠肺炎疫情的发生，成为影响全球经济发展的最大制约因素。在积极、有效、科学的疫情防控工作基础上，我国进入了疫情常态化背景下的国民经济发展新时期。在受疫情严重影响的 2020 年，我国国民经济依然实现了正增长，成为全球实现经济正增长的主要经济体。据国家统计局的数据，2020 年中国 GDP 规模达到 101 万亿元，增长 2.3%，人均 GDP 超过 11000 美元。总体看，我国经济之所以能保持增长，与成功、有效的疫情防控措施息息相关，有效控制了疫情蔓延，确保经济社会生活的正常运转。同时，国内国外双循环政策的实施，有效地激发了国内消费需求，保证了国民经济的稳定运行。在国民经济保持增长的背景下，我国各地国内旅游业发展依然保持了相对良好的发展态势。2011—2020 年我国国内生产总值及增长率如图 1–1 所示。

---

① 吴丽云，北京第二外国语学院中国文化和旅游产业研究院副教授；郭杨，北京第二外国语学院旅游科学学院研究生；林婉钊，北京第二外国语学院旅游科学学院研究生；张昕丽，中国旅游集团有限公司研究院信息情报室主任、香港理工大学酒店及旅游管理博士研究生。

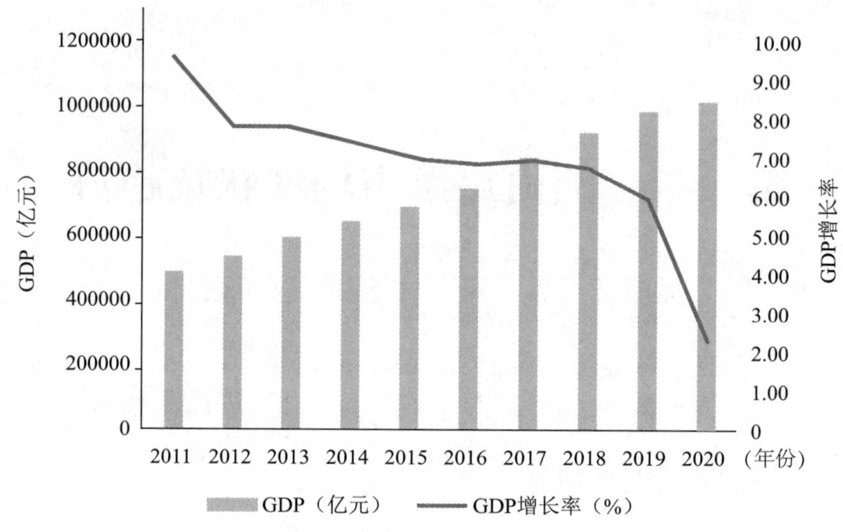

图 1-1　2011—2020 年我国国内生产总值及增长率

数据来源：国家统计局。

（二）居民人均消费支出小幅下降

根据国家统计局发布的数据，2020 年全国居民人均可支配收入 32189 元，比上年名义增长 4.7%，扣除价格因素，实际增长 2.1%。全国居民人均消费支出 21210 元，比上年下降 1.6%，扣除价格因素，实际下降 4.0%。其中，人均服务性消费支出 9037 元，比上年下降 8.6%，占居民人均消费支出的比重为 42.6%。受 2020 年疫情导致的部分地区停工停产、物价上涨等问题影响，人们的消费信心有所下降。同时对于未来的不确定性心理增强，为增强家庭抗风险的能力，许多居民选择增加储蓄，减少非必需品的消费支出，由此导致 2020 年我国住户存款较上年增加了 11.3 万亿元。同时，部分受疫情影响而出现的地区居民隔离、小区暂时封闭等影响，使得居民消费的可能性也大大降低。上述因素的综合作用导致 2020 年居民消费支出较上年有所下降。

居民人均可支配收入和居民人均消费支出情况如图 1-2 所示。

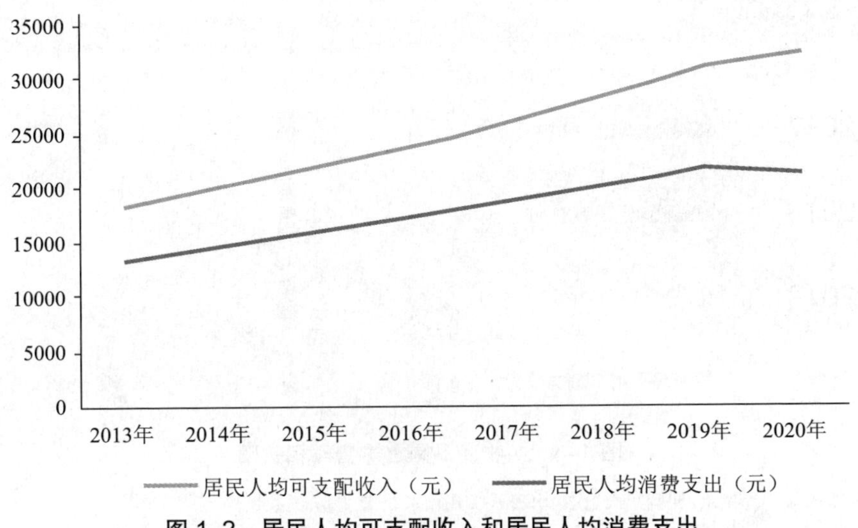

图 1–2　居民人均可支配收入和居民人均消费支出

数据来源：国家统计局。

（三）线上消费保持快速增长

疫情时期尤其是疫情初期，多地采取的非必要不集聚的措施以及部分疫情高风险区相关小区封闭的政策等，一定程度上限制了人们线下购物的行为，对线上购物消费起到了极大的促进作用。许多实体店家为了自救和维持客户积极开拓线上渠道，京东到家、网上超市、美团买菜、饿了么等一批线上平台快速发展，为居民消费提供了方便、快速的送货服务。线上消费快速发展，直播带货进一步加速了这一发展进程。根据魔镜市场情报发布的《2020 中国线上高增长消费市场白皮书》，2020 年，实物商品网上零售总额为 97590 亿元，达历年最高。2020 年社会消费品零售总额同比下降了 3.9%，在总体消费大幅下降的背景下，当年实物商品网上零售额却增长了 12351 亿元，同比增长 14.8%，实物商品网上零售总额占社会消费品零售总额的 24.9%，成为当年社会消费品零售的重要构成，线上消费呈现快速增长态势。实物商品网上零售额相关图如图 1–3 所示。

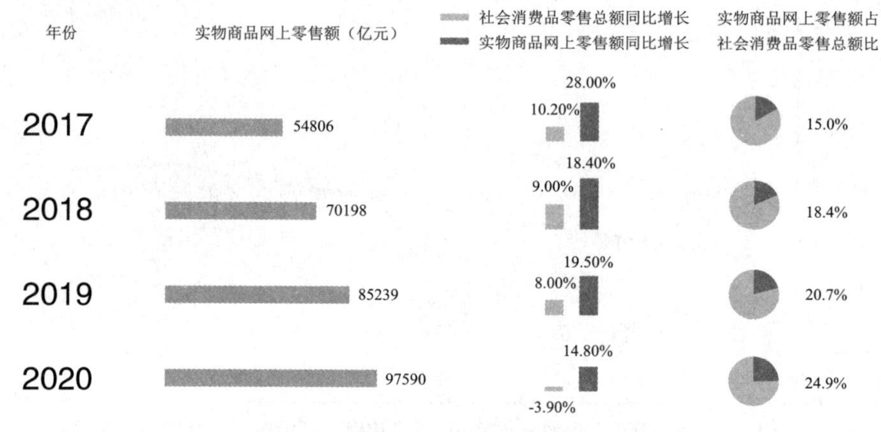

图 1–3　实物商品网上零售额相关图

数据来源：魔镜市场情报，《2020 中国线上高增长消费市场白皮书》。

（四）政策助推旅游业恢复发展

疫情发生后，旅游业发展陷入停滞。为配合全国疫情防控，避免因旅游流动而导致的疫情传播风险，文化和旅游部对全国旅游企业疫情期间的运营给予了及时又全面的指导。2020 年 1 月 26 日，文化和旅游部办公厅发布《关于全力做好新型冠状病毒感染的肺炎疫情防控工作暂停旅游企业经营活动的紧急通知》，要求全国旅行社及在线旅游企业暂停经营团队旅游及“机票 + 酒店”产品。随着疫情逐步得到控制，2 月 25 日，文化和旅游部资源开发司和公共服务司分别印发《旅游景区恢复开放疫情防控措施指南》《公共图书馆、文化馆（站）恢复开放工作指南》等通知，对疫情期间旅游景区和公共文化场所的恢复开放提出了分区分级等原则要求，指导相关旅游机构积极应对疫情影响。4 月 13 日，文化和旅游部、国家卫生健康委发布《关于做好旅游景区疫情防控和安全有序开放工作的通知》，提出限量开放、强化流量管理、细化管理措施等要求，对解禁后的旅游景区有序开放提供了指导。7 月 17 日，文化和旅游部办公厅《关于统筹做好乡村旅游常态化疫情防控和加快市场复苏有关工作的通知》发布，对于疫情防控常态化下的乡村旅游发展提出加快市场复苏的相应要求。随着全国疫情防控的有效推进，全国旅游发展全面恢复，文化和旅游部又相继发布了《剧院等演出场所恢复开放疫情防控措施指南（第四版）》《公共图书馆、文化馆（站）恢复开放疫情防控措施指南（第二版）》《旅行社有序恢复经营疫情防控措施指南（第二版）》《关于进一步加强秋冬季疫情防控工作的通知》等相关文件，指导旅游企业根据疫情防控形势的变化及时做出相应调整。

与此同时，针对疫情带来的旅游企业经营受损，运营困难的情况，国家各部委和出台了一系列政策，支持企业复苏发展。2020 年 2 月，文化和旅游部办公厅发布《关于进一步用好地方政府专项债券推进文化和旅游领域重大项目建设的通知》和《关于用好货币政策工具做好中小微文化和旅游企业帮扶工作的通知》，利用证券和货币政策工具，加强对旅游企业支持。财政部发布了《关于支持新型冠状病毒感染的肺炎疫情防控有关税收政策的公告》，受疫情影响较大的餐饮、住宿、旅游等四大类困难行业企业于 2020 年度发生的亏损，最长结转年限由 5 年延长至 8 年。3 月，文化和旅游部发布《关于暂退部分旅游服务质量保证金支持旅行社应对经营困难的通知》，减轻旅行社企业的资金压力。4 月底，文化和旅游部、中国人民银行、中国银行保险监督管理委员会发布《关于抓好金融政策落实进一步支持演出企业和旅行社等市场主体纾困发展的通知》，帮助文化和旅游企业渡过阶段性困难。在各类政策的推动之下，旅游业不断复苏。

（五）疫情影响下的旅游“内循环”发展

我国防控疫情主要措施是“外防输入，内防反弹”，受全球疫情形势严峻以及各国出行管控影响，全球居民国际旅行的欲望普遍下降，国际旅行发展受挫。世界旅游城市联合会发布的《世界旅游经济趋势报告（2021）》显示，2020 年全球旅游总人次降至 72.78 亿人次，五大区域的旅游业受疫情影响程度不同，总体呈大幅下降趋势。国际航空运输协会（IATA）公布的数据显示，2020 年的航空旅行需求（收入旅客公里数或 RPKs）与 2019 年相比下降了 65.9%，是迄今为止航空史上最大幅度的客运量下降。2020 年国际旅客需求比 2019 年下降了 75.6%，运力（以可用座位公里数或 ASK 计算）下降 68.1%，载客率下降 19.2% 至 62.8%。随着国内疫情的有效控制，国内旅游业持续恢复。在遵守疫情防控要求的大背景下，各地针对旅游复苏，采取了积极的促进措施，如消费券、消费季、预付消费等多种模式，促进了旅游市场的快速复苏。同程旅行发布的《2020 年度国内居民旅行消费报告》显示，2020 年前十个月民航、铁路客运的恢复速度相对较快，9 月份后均恢复到了 2019 年同期的 85% 以上。随着国家政策导向、人们旅游信心的恢复以及国际旅游向国内旅游的转移，我国国内旅游市场稳步复苏，旅游步入“内循环”发展阶段。

二、国内旅游消费特征

（一）安全化

新冠肺炎疫情发生以来，虽然国内疫情在科学、高效的疫情防控政策指导下快速得到控制，进入疫情防控常态化时期，但各地仍有小规模的疫情反弹，消费者出于健康和安全考虑，不能完全无忧地自由旅游。疫情防控常态化下，人们的出游、消费心理和行为方式不断变化，安全成为游客出游时最优先考虑的因素。同程旅行《2020 年度国内居民旅行消费报告》显示，疫情期间民航旅客购买相关保险、使用接送机服务和机场贵宾候机厅服务的比例明显高于往年同期，人们对安全出行的诉求远高于以往。

（二）近距离化

受疫情影响，大众对长途出游信心不足。同时，各地经常出现的小范围疫情，又让多地经常陷入“非必要不离开本省 / 市”的规则要求之下，跨省游经常因小范围的疫情而受到影响，在疫情时有反复的背景下，本地游、周边游成为 2020 年最为常见的出游形态。大众点评发布的《2020 夏季出游趋势报告》

显示，后疫情时代旅游者在出行距离的选择上发生了明显的变化，在出行半径选择上呈现缩小趋势，大部分旅游者偏向在本地及周边“高铁一小时旅游圈”选择旅游目的地。马蜂窝旅游发布的《2020全球自由行报告》显示，在确保安全的前提下，人们更倾向选择安全系数较高的短途城市周边游。《2020百度旅游行业研究报告》显示，周边游呈现持续增长，2020年3月至5月，周边游在所有旅游形态中的占比从38%增长到43%，保持了快速的增长，同时也是疫情常态化时期人们出游的主流选择。从周边游需求所占比例及其增长情况来看，周边游是疫情大背景下人们出游类型的主流选择。

（三）线上化

线下旅游活动受限，让线上旅游快速发展。2020年，云旅游、云展览、云演艺、云直播等成为旅游新形态。全国有上千家博物馆通过官网、微博、微信等形式开展线上展览。旅游目的地大力开发线上云游，以保持旅游热度，云游山西、云游甘肃、云游齐鲁等线上云游活动备受关注。腾讯、百度、快手等互联网平台成为各地云游和云直播的载体，助力旅游景区、旅游目的地与游客间的线上互动。故宫、敦煌、红旗渠、龙虎山等一大批A级旅游景区开通VR线上游览，为全世界人民了解景区提供了生动的线上游览平台。故宫等一批景区开展了云直播活动，引发大众的广泛关注。2020年4月5~6日，故宫三场直播吸引了3492万网友进入新华网直播间。携程、同程、马蜂窝等一批在线旅行服务企业开展了直播带货活动，通过预售、延期使用等多种形式，大大促进了全国住宿企业和景区的复苏发展。2020年，携程通过直播带货的方式实现预售总GMV超过40亿元，吸引2亿消费者通过直播预约旅行，带动了疫情期间住宿、景区等企业的发展。

（四）品质化

品质旅游已成为我国旅游发展的新常态。高质量发展成为我国经济发展的重要方向，旅游产业的高质量发展既是产业发展到一定阶段的必然要求，也是市场消费需求持续升级的客观要求。疫情期间，一方面，出境旅游无法开展，出境旅游需求转为国内旅游需求，高品质旅游产品成为市场更加迫切需要的内容。另一方面，中国旅游业经过几十年的发展，游客的旅游经历更加丰富，对旅游产品质量的诉求也不断升级，客观推动了旅游品质的升级。同时，疫情使人们对距离和人群聚集格外敏感，进一步推动了品质游的发展。途牛发布的《2020 国庆中秋旅游消费盘点》显示，随着政策放宽，跨省游开始逐渐恢复，途牛平台上消费者关于私家团、小包团、定制游的出游咨询及预订量持续攀升，这类旅游产品受到消费者的广泛关注。携程发布的《2020 年国内游新跟团消费报告》显示，跨省游恢复以来，携程平台的跟团游订单国内精致小团和私家团合计占比 60%，其中私家团平均人数为 3.14 人，私家团中家庭出游占 60%。

三、国内旅游供给特征

（一）旅游产业波动，国内旅游大幅缩水

受新型冠状病毒肺炎疫情的影响，国内出游人数锐减，国内旅游规模大幅下降。国家统计局数据显示，2020 年国内旅游人数 28.79 亿人次，比上年减少 30.22 亿人次，同比下降 52.1%，国内旅游游客接待量大幅下降。其中，城镇居民游客 20.65 亿人次，同比下降 53.8%；农村居民游客 8.14 亿人次，同比下降 47.0%。从 2020 年全年旅游发展情况看，国内旅游与疫情防控情况紧密相关。在疫情影响最为严重的第一季度，国内旅游人数 2.95 亿人次，同比下降 83.4%。随着国内疫情整体得到控制，国内旅游开始恢复。第二季度国内旅游人数 6.37 亿人次，较一季度有大幅反弹，虽较 2019 年仍然下降了 51.0%，但较上年的差距在缩小；第三季度和第四季度的国内旅游人数分别为 10.01 亿人次和 9.46 亿人次，较上年分别下降了 34.3% 和 32.9%。整体来看，随着国内疫情防控进入常态化状态，国内旅游复苏发展，虽尚未恢复至上年水平，但总体差距在不断缩小。2020 年，游客人均出游花费为 774.14 元，比上年同期下

降 18.8%。人均出游花费的降低，或与人们选择旅游目的地受限，偏向近距离的本地旅游为主有关。同时，受疫情影响，部分旅游设施和旅游服务类项目和活动并未完全开放等因素有关。2011—2020 年国内游客总人数情况如图 1–4 所示。

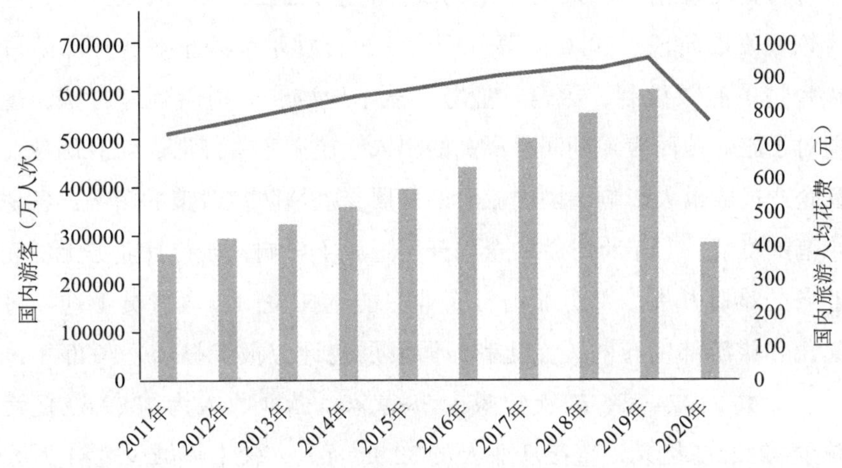

图 1–4　2011—2020 年国内游客总人数

数据来源：国家统计局

（二）住宿企业总体收缩，连锁酒店逆势增长

受疫情影响，旅游住宿业发展呈收缩态势，但连锁酒店仍保持发展。《2021 年中国酒店业发展报告》显示，2020 年我国大陆共拥有住宿设施 44.7 万家，客房 1620.4 万间，分别比 2019 年减少 16.1 万家和 271.3 万间。酒店类设施中，星级酒店大幅减少，《文化和旅游发展统计公报》显示，2020 年，全国星级酒店较 2019 年减少 1707 家，占 2019 年星级饭店总数的 16.8%，平均出租率下降了 17.7%，平均房价下降了 64.64 元。在住宿业整体收缩的背景下，连锁酒店逆势增长，酒店数量增加了 0.3 万家，客房数量增加了 16.6 万间，客房连锁率增长到 31%，同比增长 5%。连锁酒店与单体酒店相比，空间分布更分散，管理更规范，在疫情常态化时期，抵抗风险能力更强，因

而仍保持了一定增长。

（三）受疫情影响最重，旅行社企业大幅减少

旅行社是受疫情影响最为严重的旅游企业，2020 年全国旅行社企业整体处于半恢复发展阶段。2020 年第一季度，旅行社基本处于业务停滞阶段，随着国内疫情的有效控制，旅行社业务，从本地游、周边游到跨省游，逐步恢复。但对于旅行社而言，利润率最高的出入境旅游基本停滞，对有国际业务的旅行社企业造成重大影响。国内旅游的发展受疫情防控政策的影响，各地经常出现小范围疫情，对于跨省游的全面开展造成了影响，旅行社业务无法完全恢复，业务的难以开展令部分旅行社企业只能选择关门，大量员工选择另谋生路。文化和旅游部发布的《文化和旅游发展统计公报》显示，2020 年，全国旅行社企业共 31074 家，较上年减少 7869 家，营业收入为 2389.69 亿元，较上年减少 4232.07 亿元，直接从业人员 32.35 万人，较上年减少 8.81 万人。对于以小微企业为主的旅行社业而言，疫情的冲击对旅行社企业造成的影响最为严重。为了谋生存发展，有的小型旅行社企业整合客户资源，将目光转向微商和代购，寻找可快速进入的市场以填补主营业务的亏损。部分旅行社企业开始培训员工、打磨产品，准备抢占未来市场或者将通过跨行业企业合作将部分企业员工外派到其他企业，通过补充其他行业的人力缺口，缓冲疫情的伤害和缓解企业的资金压力。有的旅行社企业通过转换平台流量，充分挖掘目的国（目的地）的资源，将目光转向电商销售，如众信旅游的“优客选”，凯撒旅游的“明智优选”，驴妈妈的“驴客严选”和同程“同程泛严选”等，都切入了境外国家或国内城市的优选商品销售。随着疫情防控形势的逐渐稳定，一些 OTA 平台开始通过直播方式，全面销售旅游产品。携程、飞猪、同程、途牛、驴妈妈等 OTA 企业，利用自身的巨大流量搞直播，通过预售或直接销售的方式销售各地酒店和景区产品，推动旅游企业加快复苏。

（四）A 级旅游景区保持增长，预约、限流成常态

与住宿、旅行社业的总量减少相异，全国 A 级旅游景区保持了增长。2020 年，全国共有 A 级景区 13332 个，比上年增加 930 个。全国景区经历过最严重时期的短暂关闭后，随着疫情的有效控制，从 2 月起各地景区根据国家防疫、限流和错峰等政策要求陆续开门迎客。各地景区接待游客量随疫情形势不断放大，从不超过核定最大承载量的 30% 到 50%，再到 80%，景区的恢复发展速度远超于其他行业。为了减少接触，保障安全，便于回溯，旅游景区纷纷推出了在线预约、智慧导览和电子验票等措施。中国旅游研究院的调查显示，2020 年国庆、中秋假日期间，有 82.8% 的游客体验了预约出游。预约制度已成为景区常态化管理手段，在帮助景区更好地了解和监管客流的同时，通过累积的线上流量，搭建网上商城，也成为部分景区的积极探索。

四、国内旅游热点

（一）房车自驾游备受关注

疫情改变了人们的出游观念和出游方式，基于隐私、便利、安全、自由等多重需求的房车自驾游成为 2020 年旅游的一大亮点。据《2020 中国房车市场白皮书》，2020 年全国共有 145 个品牌 428 款车型申请了旅居车公告，比 2019 年增长了 10.7%。2020 年中秋国庆假日期间，携程租车日增量达到 50%，三亚、成都等热点城市租车日增量超 100%。以家人、熟人结伴出游为特征的房车自驾游，大大提升了游客出游的安全感及便利性，成为疫情常态化背景下快速发展的旅游业态。2017—2020 年中国房车市场规模如图 1–5 所示。

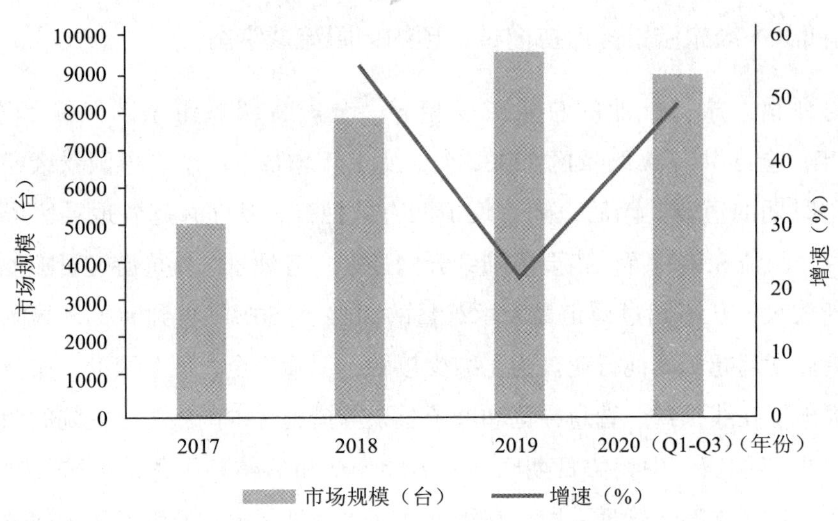

图 1-5　2017—2020 年中国房车市场规模

数据来源：乘联会、前瞻产业研究所整理。

（二）周边游和本地游快速增长

受各地时有发生的疫情影响，2020 年跨省游未能完全恢复至疫情前水平。具有近距离、短行程、高频率、慢休闲、高品质等特征的本地游、周边游快速发展，成为疫情常态化时期各地旅游恢复发展的最大特点。2020 年 3 月，随着各地省内游业务的恢复，各地本地游、周边游逐渐恢复发展。《2020 年度腾讯旅行报告》显示，39.7% 的国内游用户取消省外旅行计划，省内游、本地游替代了近 4 成省外游，其中以 1~2 天为主的国内周边游人次占整体旅游市场的 16.7% 以上。小红书发布的《2020“十一”假期出行消费报告》显示，与 2019 年同期相比，小红书上“周边游”笔记发布量增长 377%，搜索量上涨 107%。本地游、周边游的快速发展，也迅速带火了以亲子休闲、度假、体验、游乐为特色的周边游产品。

（三）深度游和定制游趋热

受旅游消费升级和疫情影响，各地深度游和定制游趋热。扎根某地，深度体验目的地的自然、人文景区和当地生活的深度游快速增长。2020 年携程发布的《中秋国庆假期旅游大数据报告》显示，国庆期间连住 5 天酒店的旅客环比增长 35%，连住 7 天者暴增 70%。“广州老城新活力文化遗产深度游”精品线路使得永庆坊景区及非遗街区游客接待数量在 2020 年中秋、国庆黄金周期间同比增长 48.60%。游客更加注重对某一目的地的深入了解、深度体验，目的地深度游越来越受欢迎。

定制游方面，疫情之下，旅游者比以往更加注重旅游的安全和服务品质，以高质量、个性化、深度体验为特点的定制游表现出比以往更加迅猛的发展趋势。途牛旅游网预订数据显示，2020 年 7 月定制游产品预订量环比增长近 300%。整个三季度，定制游商品交易总额季度环比增长超 800%。邵阳、宿迁等城市的定制出游人次在 2020 年分别上涨 10 倍、8 倍。小团队定制游产品、文化旅游产品及家庭定制游产品更受欢迎。

（四）旅游直播异军突起

2020 年，线下旅游受到不同程度的冲击，旅游直播异军突起，呈现出巨大的发展潜力。直播的高互动性有效降低了人们对旅游产品无形性的感知风险，激发了人们的购买欲望，推动旅游企业业务量的增长。艾媒咨询发布的《2020—2021 中国在线直播行业年度研究报告》显示，2020 年中国直播电商市场规模达到 9610 亿元，比 2019 年增长 121.5%。受疫情影响，旅游企业也纷纷试水直播电商。2020 年 3 月，携程创始人、董事局主席梁建章亲自坐镇“携程 BOSS 直播间”预售精品旅游产品，直播首秀便达成了 1000 多万元的交易额。截至 2020 年 12 月，携程在 5 大平台直播超 100 场次，累计成交额超 24 亿元，总观看人次超 1.7 亿人。2017—2020 年中国直播电商行业市场规模及增长率情况如图 1–6 所示。

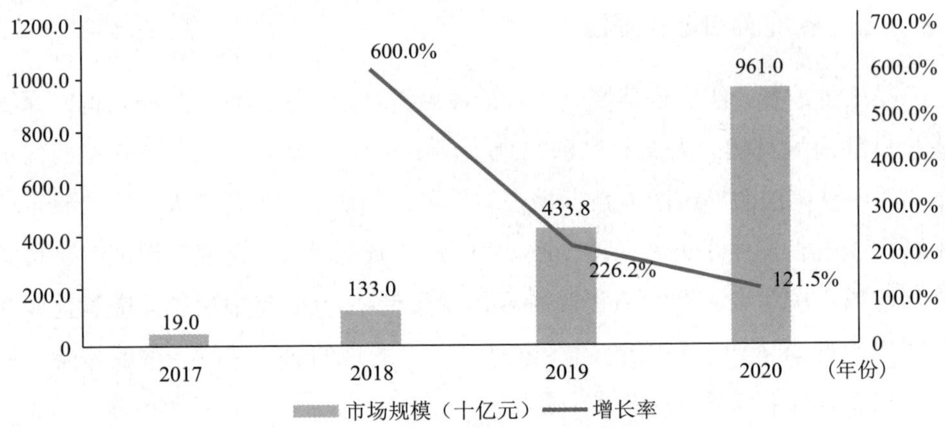

图 1-6　2017—2020 年中国直播电商行业市场规模及增长率

数据来源：艾媒咨询，《2020—2021 中国在线直播行业年度研究报告》。

（五）国家文化公园成为文化旅游新热点

2020 年，国家文化公园建设加速推进。10~12 月相关文件如《中共中央关于制定国民经济和社会发展第十四个五年规划和二〇三五年远景目标的建议》《黄河国家文化公园建设实施方案》《长征国家文化公园建设实施方案》《大运河国家文化公园建设实施方案》《长城国家文化公园建设实施方案》等相继发布，国家层面建设实施方案的出台为各地国家公园建设工作的推进提供了有效指导。此后，各地相继加快国家文化公园建设的推进工作。2020 年 12 月 11 日，在河北秦皇岛召开长城国家文化公园建设推进会进一步明确了公园建设要求，提出加快推进各项重大任务有效落实。23 日，贵州遵义召开了长征国家文化公园建设推进会并指出长征国家文化公园建设目前正稳步推进，重点建设区已取得重要进展，标志性项目在有序实施建设中。30 日，国家发展改革委组织召开了黄河国家文化公园建设启动暨大运河、长城、长征国家文化公园建设推进视频会，进一步明确了各地发展改革部门推进国家文化公园建设的总任务和总要求，并就启动黄河国家文化公园建设进行具体部署。中央及地方双向合力加速推动国家文化公园的建设，国家文化公园成为文化旅游的新热点。

五、国内旅游发展趋势

（一）疫情常态化下的升级发展

国外疫情的不稳定性，限制了出境游的发展，国内旅游成为当下旅游行业发展的重点。国内旅游者消费需求的升级，以及出境游的国内回流，倒逼国内旅游企业加速转型，旅游产业升级发展。从长远看，疫情常态化背景下，国内旅游仍将继续升级发展，休闲、度假、体验性、主体性旅游将是重要方向。疫情在改变人们的生活及出游理念的同时，也推动旅游产品市场不断细化。携程数据显示，2020 年国庆期间在携程平台上报名私家团的游客量同比 2019 年增长 100%。携程《2020 暑期亲子游人气报告》显示，在跟团游、自由行产品的订单中，亲子用户的人数比跨省游恢复前增长了 400%，亲子游订单占总体旅游订单的 34%。

（二）产业融合持续加深

旅游消费需求不断升级，旅游供给创新加快，加速推动旅游与文化、体育、教育等产业融合发展，推动新业态、新产品的出现。文化体验游、体育旅游、冰雪旅游、康养旅游、研学旅游等产业融合业态大量涌现。文旅融合持续深化，基于文化创意的旅游内容以及创意旅游产品层出不穷。旅游景区与剧本杀等内容型企业合作，探索文旅融合的新方式。各地基于本地文化资源特色打造的文创雪糕，河南省博物院创新性推出的考古盲盒风靡一时，基于内容的沉浸式演艺持续火爆，文化旅游的深度融合仍将是未来很长时间国内旅游业发展的重要方向。

（三）数字文旅成为重要方向

2020 年 3 月，工业和信息化部印发《中小企业数字化赋能专项行动方案》，提出要发展数字经济新模式新业态。4 月，国家发展改革委和中央网信办印发

《关于推进“上云用数赋智”行动培育新经济发展实施方案》，鼓励企业进行数字化转型，优化产业结构。国家文件的频繁出台为数字技术融入相关产业提供重要支撑，加速推动了数字技术与文旅产业的融合发展。根据艾媒咨询发布的《2021 中国数字经济产业发展研究报告》，2020 年，数字经济在第三产业的渗透率达到 40.7%。2020 年是数字文旅快速发展的一年，旅游企业的线上预约呈现常态化。数据显示，2020 年五一劳动节期间通过预约游览景区的游客比例达 77.4%。线上云游成为新趋势，景区纷纷开发了线上体验、游览新方式，为游客提供了更加多元的旅游体验方式。故宫 360 度全景虚拟漫游为游客线上参观、体验故宫重要宫殿及精品展览提供了新的平台；“云游敦煌”融入游客定制、小游戏及角色配音等游客互动，增强线上云游互动性。旅游智慧化发展成为新方向，无人酒店、AI 旅游服务、智能语音导览等应对疫情冲击的旅游服务新形式相继出现。数字技术在旅游业的应用，实现了旅游产品的高质量供给，未来旅游业和数字技术的联系将越来越紧密。2016—2020 年中国数字经济渗透率如图 1–7 所示。

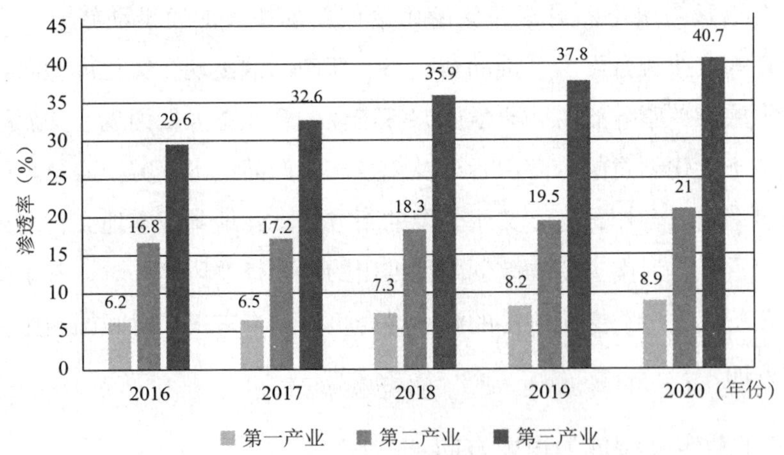

图 1–7　2016—2020 年中国数字经济渗透率

数据来源：艾媒咨询，《2021 中国数字经济产业发展研究报告》。

第二章　国际旅游市场现状及展望

邹统钎　张梦雅　苗　慧　邱子仪　仇　瑞[①]

一、入境旅游发展现状及展望

（一）总体现状：入境旅游市场严重萎缩，整体业绩断崖式暴跌

受新冠肺炎疫情影响，我国入境旅游陷入停滞状态。根据中国旅游研究院（文化和旅游部数据中心）的最新统计，2020 年上半年我国接待入境游客 1454 万人次，同比下降 80.1%。其中，入境过夜游客和外国人入境游客降幅超过八成。根据世界旅游组织统计的数据，在入境旅游人数方面，2019 年达到 6.57 千万人次，在入境旅游收入方面，整体的情况不容乐观。2019—2020 年随着入境旅游的取消，收入从 358 亿元断崖式跌至 142 亿元。根据世界旅游联盟发布的《2020 中国入境游市场景气报告》[②]，受新冠肺炎疫情影响，2020 年上半年中国入境旅游市场的景气指数重创下滑至 –127，较上年同期暴跌 129 个指数点，达历史最低；2020 年下半年入境旅游市场的综合景气指数为 –113，入境旅游市场仍保持低迷态势，恢复预期较为缓慢。

① 邹统钎，北京第二外国语学院中国文化和旅游产业研究院院长，教授；张梦雅，北京第二外国语学院旅游科学学院研究生；苗慧，北京第二外国语学院旅游科学学院研究生；邱子仪，北京第二外国语学院旅游科学学院研究生；仇瑞，北京第二外国语学院旅游科学学院研究生。

② 《中国入境旅游市场景气报告》（2020 上），世界旅游联盟，http://www.wta-web.org/chn/report，访问时间：2021 年 11 月 3 日。

疫情导致入境旅游各细分行业遭受严重冲击。根据中华人民共和国文化和旅游部发布的《2020 年度全国旅行社统计调查报告》①，2020 年度全国旅行社入境旅游营业收入 16.16 亿元，占全国旅行社旅游业务营业收入总量的 1.18%；入境旅游业务营业利润为 0.05 亿元，占全国旅行社旅游业务营业利润总量的 1.59%。2020 年度全国旅行社入境旅游外联 41.31 万人次、156.05 万人天，接待 66.15 万人次、216.00 万人天。此外，酒店、航班和 OTA 平台遭遇了大量退订，诸多大型旅游企业资金链紧张，导致就业和投资受到大幅影响，甚至宣告破产。2011—2020 年中国入境旅游总体概况如图 2–1 所示。

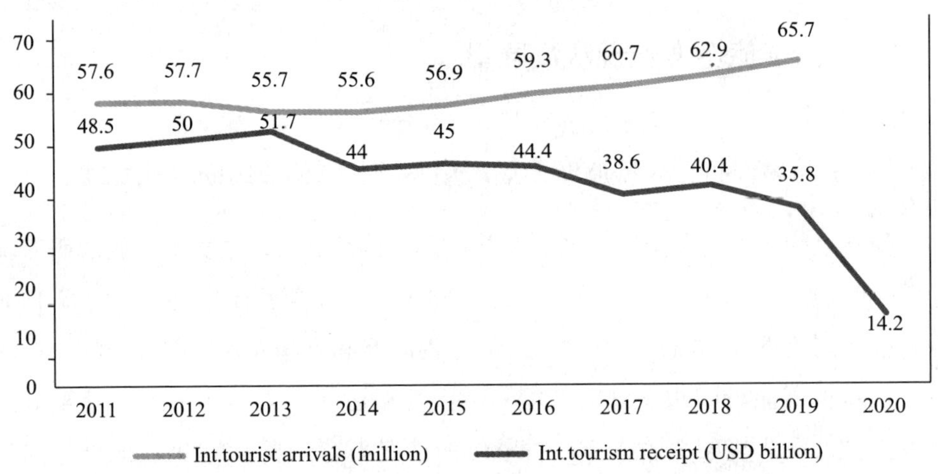

图 2–1　2011—2020 年中国入境旅游总体概况

数据来源：Country profile – inbound tourism | UNWTO。

（二）需求现状：客源国政策紧缩与市场衰退制约跨国旅游需求

1. 客源国市场景气度持续走低

入境客源地市场因疫情遭受重创，景气指数全线下降。根据世界旅游联盟

① 《文化和旅游部2020年度全国旅行社统计调查报告》，中华人民共和国文化和旅游部，http://zwgk.mct.gov.cn/zfxxgkml/tjxx/202104/t20210416_923778.html，访问时间：2021 年 10 月 30 日。

发布的《2020 年下半年中国入境旅游市场景气报告》[①]，全球 13 个入境客源地市场景气指数均暴跌至 –100 以下，且各区域之间景气指数极为近似。2020 年度旅行社入境旅游外联人次排名前十位的客源地国家或地区由高到低依次为中国香港、中国台湾、中国澳门、日本、韩国、俄罗斯、泰国、新加坡、美国、马来西亚。2020 年度旅行社入境旅游接待人次排名前十位的客源地国家或地区由高到低依次为中国香港、韩国、中国澳门、中国台湾、俄罗斯、日本、美国、泰国、新加坡、马来西亚。

由于地理位置临近，东南亚和东亚是我国入境游客源市场的主力军，这两个地区 2020 年景气指数虽为负数且有所下滑，但是对比全球其他区域，下滑幅度较小。东南亚地区整体受疫情影响较小，东亚地区虽疫情发生较早但控制良好，尽管短期内中国入境游限制频仍，但政策开放后，以东亚及东南亚为客源地的入境旅游有望率先复苏。然而，亚洲其他区域；如南亚地区，由于疫情肆虐和紧张的地缘政治局势，目前暂无复苏迹象。北美地区作为中国入境游消费能力最强的客源市场，景气指数最低（2020 上半年景气度 –119，下半年景气度 –128）。受新冠肺炎疫情、中美贸易摩擦和地缘摩擦等因素影响，我国入境游接待北美地区游客人次持续下降。其他区域也受新冠肺炎疫情的影响，经济遭受重创，各客源国相继推行停航、隔离等措施，情况也不容乐观，我国入境旅游复苏之路仍然漫长。2020 年度入境旅游接待人次排名前十的客源地国家或地区如图 2–2 所示。

① 《中国入境旅游市场景气报告》（2020下），世界旅游联盟，http://www.wta–web.org/chn/report，访问时间：2021 年 11 月 3 日。

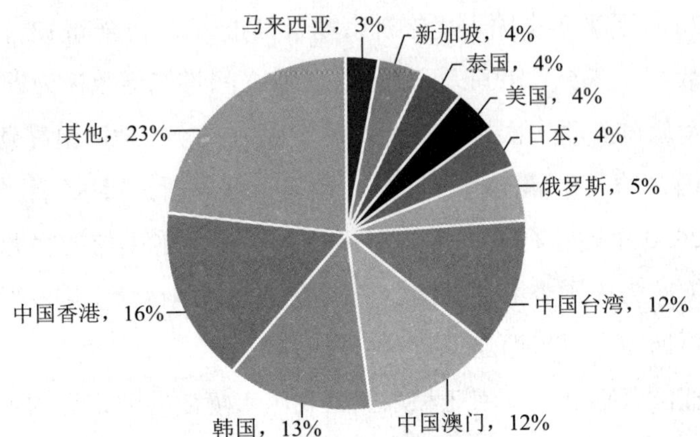

图 2–2　2020 年度入境旅游接待人次排名前十的客源地国家或地区

数据来源：中华人民共和国文化和旅游部《2020 年度全国旅行社统计调查报告》。

2020 年 13 个入境游客源地市场景气指数图如图 2–3 所示。

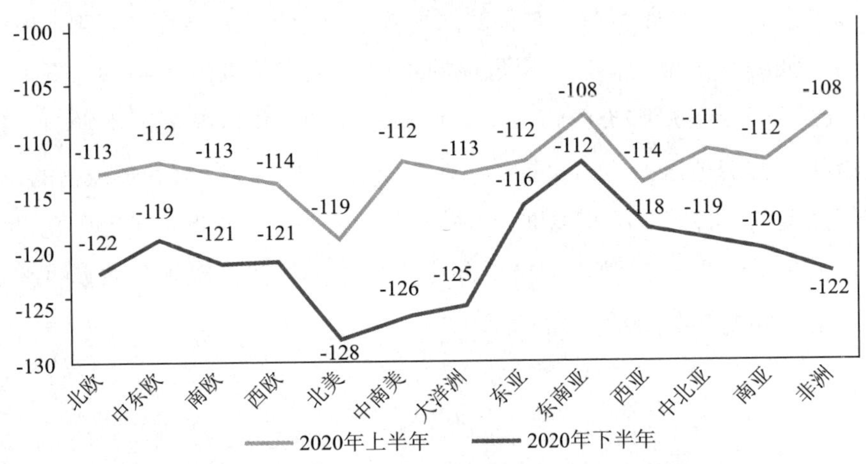

图 2–3　2020 年 13 个入境游客源地市场景气指数

数据来源：图片根据世界旅游联盟数据自制。

2. 客源国政策紧缩及国际交通停滞阻碍跨国旅游复苏

政策限制和封锁是制约我国入境旅游市场需求的重要因素。尽管 2020 年下半年中国国内疫情得到有效控制，但疫情在世界范围内的大暴发使得全球经济遭遇重创，各国相继推行的停航、隔离等措施，使得我国入境游市场的复苏依旧艰难。为进一步遏制新冠肺炎疫情蔓延，欧洲多国纷纷延长现有的防控措施。例如，2020 年 4 月 9 日，匈牙利政府宣布无限期延长民众出行限令；2020 年 3 月 12 日，捷克进入紧急状态，民众的出行以及企业的经营活动受到严格的限制。

国际交通停滞阻碍客源国跨国旅游复苏。2020 年，亚太、北美、欧洲三大邮轮市场先后停摆，多家邮轮公司自 2020 年 3 月 13 日起纷纷宣布了最新政策，包括对全球多条航线的停运通知。截至 2020 年 3 月 17 日，冠达邮轮宣布将暂停运营旗下所有邮轮新的航次。2020 年 4 月 11 日后，公主邮轮、皇家加勒比、迪士尼邮轮、歌诗达、地中海、嘉年华邮轮、诺唯真、维京和水晶邮轮等在内的多家行业巨头，宣布开启一段暂时的“停运之旅”。这次全球停航是 200 年来邮轮行业在和平时期的首次全线停航。此外，2020 年全球多国飞机停飞，长期实施大规模封锁，空中旅行大幅减少。国际民用航空组织（ICAO）的经济影响分析显示，在 2020 年 4 月，几乎所有国家都实施了全面或部分封锁，空中交通大幅降至接近零，收缩幅度达到了前所未有的 90% 以上。

（三）供给现状：防疫政策严格，各细分市场遭受重创并谋求自救

1. 政府：边境管控政策严格，入境旅游重启悬而未决

2020 年防疫形势严峻，我国入境政策从严从紧。2020 年 3 月 27 日，我国外交部、国家移民管理局发布公告，决定自 2020 年 3 月 28 日起，暂停外国人持 APEC 商务旅行卡入境，暂停口岸签证、24/72/144 小时过境免签、海南入境免签、上海邮轮免签、港澳地区外国人组团入境广东 144 小时免签、东盟旅游团入境广西免签等政策，严格控制签发各类边境地区出入境证件，限制旅游、探亲、访友等非必要的出入境活动。

国际疫情反复且复杂，入境旅游重启之路道阻且长。中国虽是全球最早实现疫情防控的国家，但为了稳住来之不易的抗疫成果，防止大规模输入性病例，2020 年下半年仍旧施行较为严格的边境管控政策。2020 年 10 月 21 日，

中华人民共和国文化和旅游部发布《文化和旅游部办公厅关于进一步加强秋冬季疫情防控工作的通知》，明确暂不恢复旅行社及在线旅游企业出入境团队旅游及“机票＋酒店”业务。

2. 旅行社：开展互助自救，积极寻求转型

受疫情影响，传统旅行社和线上旅游平台入境游业务停滞，以经营出入境业务为主的旅行社受冲击更为严重。陕西利行国际旅游有限责任公司总经理张帆表示，2020 年上半年全程接待的外国游客只有两位。在线旅游平台也不容乐观，疫情暴发后，旅游企业快速推出“无损退订”服务。飞猪境外退订率在 40%~50%，境内退订率高达 70%~80%，马蜂窝的退订量级也达到百万级。企查查数据显示，2020 年注销、吊销旅行社相关企业的数量高达 28075 家。

开展互助自救，积极寻求转型。幸存的旅行社纷纷通过“裁员”“转型”等方式自救。北京碧山国际旅行社通过碧山讲堂直播和举办线上读书会，吸引用户在疫情期间仍然对旅游保持兴趣。此外，北京碧山国际旅行社将受到疫情冲击最大的入境部门转向服务已经居住和生活在中国的外籍客户。以携程、飞猪、美团、同程、途牛为代表的在线旅游平台积极营销，先后推出“2020 旅游复兴 V 计划”“一千零一夜”旅行直播等活动，不断刺激用户活跃度，带动相关产品持续增长。中国旅游集团开通“线上巴士商城”和免税商品在线预订等新业务，三亚免税城 2020 年 1 月 27 日至 2 月 13 日在线累计实现销售同比增长 92%。

线上线下旅行社精准把握消费者的需求，打造品牌，积累资源和公域流量，争夺市场份额，以求在旅游市场获得一席之地。

3. 航空业：经济效益下滑，面临现金流危机

2020 年大量国际航班被取消、客运量骤减，我国民用航空行业处于下行状态。2020 年 3 月 19 日，中国民航局发布通知，实施“五个一”政策，要求国际航班“只减不增”。2020 年入境机场由分散变为集中，入境北京的国际客运航班均被分流到其他第一入境点，上海浦东机场和广州白云机场承担了全国主要入境航班。根据《2020年民航行业发展统计公报》[①]，港澳台航线完成旅客运输量96.13万人次，同比下降91.3%；国际航线完成旅客运输量956.51万人次，同比下降87.1%。2020年港澳台航线完成运输飞行3.55万小时，同比下降82.3%；国际航线完成87.99万小时，同比下降63.3%。港澳台航线完成运输起飞1.65万架次，同比下降80.3%；国际航线完成13.79万架次，同比下降71.8%。

航班削减与客源骤减致使诸多航空公司出现现金流危机。国有航空公司有政府的资金支持，大的民营航空公司资本雄厚，但许多靠飞行值机盈利来维持现金流的小型民营航空公司运营艰难。截至2020年8月，我国民航业的国内业务逐渐复苏，但海外疫情发展形势严峻，国际航线的复苏仍无时间表，短期内国际线运力回流仍将导致民航运价低迷。2015—2020年民航境外旅客运输量情况如图2–4所示。

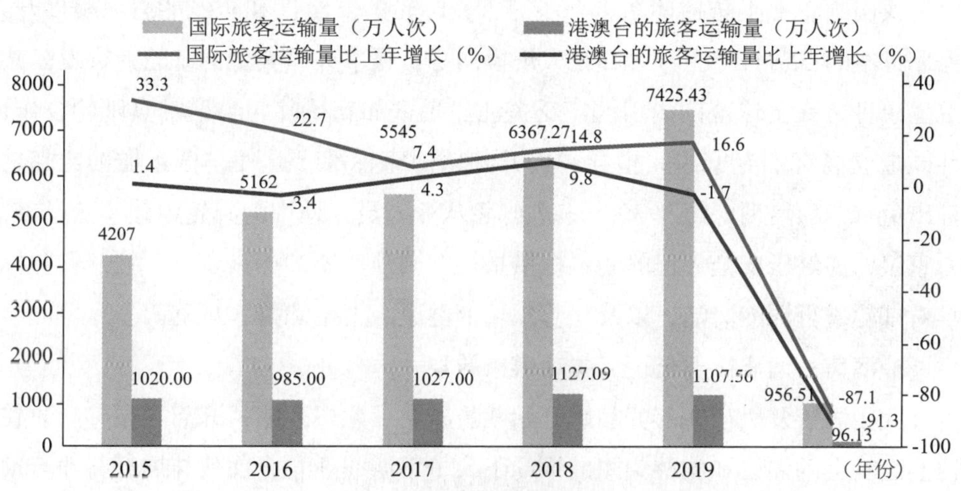

图2–4　2015—2020年民航境外旅客运输量

数据来源：图片根据中国民用航空局数据作者自制。

① 《2020年民航行业发展统计公报》，中国民用航空局，http://www.caac.gov.cn/XXGK/XXGK/ZCJD/202106/t20210610_207916.html，访问时间：2021年1月5日。

4. 邮轮：企业资金压力巨大，卫生防控体系逐渐完善

我国是全球最大的邮轮新兴市场和全球第二大邮轮客源国，2020 年我国邮轮行业实现“零输入、零输出、零感染”，得到了国际邮轮业界的广泛赞誉。2020 年 1 月 25 日，抵达天津港的歌诗达赛琳娜号邮轮首先拉响警报——邮轮上有 15 人曾出现过发热症状，3 月 26 日歌诗达赛琳娜号邮轮应急处置工作便全部结束。随着国内外疫情的扩散，2020 年 3 月 16 日，我国暂停了从我国大陆港口始发的国际邮轮，涉及全球 7 家国际邮轮业务的公司，10 艘国际邮轮。同时，暂停了中日、中韩之间的客运邮轮。邮轮暂停致使邮轮旅游行业进入萧条期，邮轮公司财务业绩与流动性受到重大负面影响，多家邮轮公司面临严峻的资金压力，通过发行股票和公司债券的方式筹集资金。嘉年华集团、诺唯真邮轮和皇家加勒比邮轮全球前三大邮轮公司股价下跌近 80%，市值蒸发超过 500 亿美元。

我国邮轮卫生防控体系进一步完善，邮轮的安全性和防疫能力大幅提升。停靠日本的“钻石公主号”邮轮大规模病毒传播事件是典型的邮轮业突发公共卫生事件，在全球范围内引起广泛关注。皇家加勒比邮轮与诺唯真邮轮合作，共同成立高级别专家组，指导和提升邮轮健康标准；此外，皇家加勒比邮轮推出免费专项培训，惠及 3000 多名邮轮从业人员。地中海邮轮组建“蓝丝带”专家组，为健康安全规程的制定提供指导。云顶集团“探索梦号”按照欧盟标准对邮轮进行深度清洁，以及完善邮轮上健康、卫生和操作规程等。

5. 酒店：酒店行业低迷，主动谋求转型

我国酒店及民宿业部分品牌开始裁员减薪、融资入账，开启存量整合。在协会、商会的倡议和旅游集团的推动下，上下游企业与合作伙伴展开行业互助行动。中国锦江国际集团筹措了 35 亿元资金，支持旗下 7500 家酒店渡过难关。其中，不超过 4.5% 利率的流动性支持贷款和物资采购贷款、减免加盟费和管理费。

我国部分以接待入境游客为主的酒店，主动申请成为疫情酒店，接待需要隔离的入境游客以及部分因商务需要出国的游客。部分酒店积极寻求转型，追求跨界合作，利用客房的消费终端优势，与其他强势的行业产业结合，探索跨界经营。此外，我国酒店业持续推动技术进步，以求全新突破，如运用创新手段使节能降耗目标达成。

6. 景区：旅游景区预约常态化

我国景区严格落实“限量、预约、错峰”要求，并推出门票减免、演出门票打折等促进旅游的举措。景区制定出台疫情背景下的相关指南，如明确在线预约、分时段预约游览、科学引导分流和非接触式服务等建设规范。疫情期间，我国旅游景区积极推进数字化建设，提供景区电子地图、景区流量监测等和语音导览等智慧化服务，并开发数字化体验产品，如数字博物馆、数字展览馆等。此外，景区利用新媒体营销，在国外主流媒体集中“轰炸”主要客源市场以造成轰动效应。

（四）中国入境旅游发展展望

1. 国际政治局势复杂多变，入境游全面恢复道阻且长

新冠肺炎疫情与国际形势、国际关系等政治因素，将成为掣肘 2021 入境旅游发展的重要因素。例如，北美地区，尤其是美国，是中国出入境旅游的重要国家。然而近年来受中美政治关系波动影响，民间的旅游往来有所减弱，加之美国难以控制国内疫情，因此对恢复以北美为客源地的入境游的预期较为悲观。再如中南美地区，深陷国家政局动荡、难民和经济基础薄弱等多重危机，加之疫情的大规模扩散对中南美地区而言更是雪上加霜，因此，对该入境客源地的恢复预期也同样悲观。

此外，一些西方国家媒体长期以来对中国的负面报道，也使外国游客对中国的印象打了折扣，使其处于一个“拟态环境”之中，无法真实地认知未知世界。其中更涉及国际关系等复杂的问题，也是客观存在的事实。复杂多变的国际政治局势使我国入境旅游的全面恢复更加艰难。

2. 打造安全的旅游目的地形象成为入境游营销重点

入境旅游营销日益重视安全旅游目的地形象的推广。安全的环境是入境游客最关心的议题，在疫情发生前，中国安全稳定的社会形象得到了各国的认可，外国游客可以晚上安心地开展夜旅游活动。疫情后更是如此，国际社会对中国抗击新冠肺炎疫情的成果予以高度评价，中国以负责任的大国形象再一次赢得了世界的肯定。受新冠肺炎疫情影响，安全的旅游目的地形象成为吸引游客的关键因素，因此在疫情防控常态化背景下，以“安全”和“健康”为关键词来重塑我国国际旅游目的地形象是营销推广工作的重心。在疫后的对外旅游宣传中，将更倾向宣传我国各地严格的防控措施和令人欣慰的抗疫成果，消除国外游客心中的疑虑，进一步树立中国安全旅游目的地的形象。

3. 数字技术创新宣传机制，新媒体营销成为趋势

数字技术创新宣传机制，“云端”推广成热点。随着疫情防控常态化，数字技术逐渐成为我国创新对外宣传旅游方式的重要抓手。2020 年，云娱乐、云直播、云看展等新业态海外用户量高涨，国内各大在线旅游平台纷纷推出云旅游项目，我国众多 5A 级旅游景区开辟了线上游览功能，如 2020 港澳“美丽中国 · 心睇验”线上系列推广活动，广东、北京、河北分别推介了“粤港澳大湾区休闲之旅”和“冬奥之旅”两大主题产品。

新媒体的传播作用在疫情期间得到进一步发挥，运用短视频、照片流、直播等方式进行旅游营销逐渐成为趋势。我国各地运用新媒体的力量，面向海外年轻客群、特别是海外互联网用户营销。除了 Facebook、Twitter 之外，以照片为核心的 Instagram 和主打短视频的 Tik Tok，采用照片流、短视频或直播的方式来展示我国的旅游资源，能够获得比静态广告更多的有效曝光。以李子柒为代表的博主通过短视频的方式向外国人展示了中国安逸宁静的乡村生活，吸引着外国游客前来体验。

4. 旅游精品日益涌现，国际旅游品牌塑造成为重点

旅游精品打造和旅游品质升级是促进疫后入境旅游快速复苏和占领国际市场的重要抓手。国际游客越发关注旅游品质和深度的文化体验，入境游应与世界客源市场的主流需求有效对接，建设一批文化底蕴深厚、文化特色鲜明的旅游精品，推出极具吸引力的精品线路，扩大高品质文化和旅游供给。

塑造可以展示和弘扬独特中华文化的国际旅游品牌将成为我国入境游市场开发和战略制定的重点。塑造国际旅游品牌，有利于进一步拓展入境旅游客源市场，是推动我国实现旅游强国的关键抓手。未来我国要着力丰富国际旅游品牌的文化内涵，全面释放旅游的文化交流功能和品牌的沟通功能，讲好中国故事。

二、出境旅游发展现状及展望

（一）中国出境旅游发展现状

1. 新冠肺炎疫情肆虐全球 出境游断崖式下跌

跨国活动在疫情横行下陷入停顿，我国出境旅游人次连年递增势头遭遇重创，增长率首次跌破负数。据文化和旅游部发布的 2019 年文化和旅游发展统计公报，2019 年我国出境旅游人次 1.5463 亿，保持了连续 15 年的增长态势，中国游客海外支出 2546 亿美元，占全球旅游总支出的 20% 左右，在 40 年出境旅游市场发展下，我国已成为全球最大的出境客源市场。

疫情来袭，全球旅行按下暂停键，我国出境旅游人次负增长。突如其来的新冠肺炎疫情迅速席卷全球并愈演愈烈，各类公共场所陆续关闭，国际航班开始禁飞，跨国活动受到严格限制。据世界旅游组织发布的数据显示，2020 年国际旅客减少 10 亿人次，跌幅达到 74%，全球旅游业损失 1.3 万亿美元，相当于 2009 年全球经济危机损失的 11 倍。我国的出境旅游市场同样遭遇断崖式下跌。2020 年 1~6 月，我国出境旅游人数同比增长率皆为负数，国际航班数量大幅减少。根据中国民用航空局的数据统计，2020 年，我国港澳台航线完成 96.13 万人次，比上年下降 91.3%，国际航班的旅客运输量为 956.51 万人次，比上年下降 87.1%（见图 2–5）。

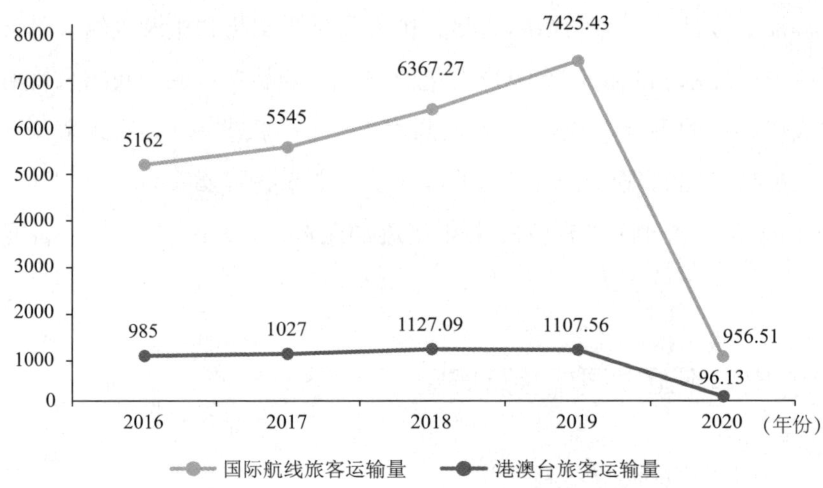

图 2-5　2020 年我国民航旅客运输量

数据来源：中国民用航空局。

2020 年，亚太地区仍是我国出境旅游的主要目的地。根据中华人民共和国文化和旅游部发布的《2020 年度全国旅行社统计调查报告》，就总体情况来看，2020 年全国旅行社出境旅游组织 341.38 万人次，仅为上年同期数据（6288.06 万人次）的 5.43%，同比增长为 –94.58%。就逗留时长来看，2020 年人天数为 1672.63 万，平均 4.9 天 / 人，对比去年数据（32070.63 万人天，平均 5.1 天 / 人）可知，出境游客人均逗留天数变化不大。就出境旅游目的地情况来看，由于欧美地区严重的疫情态势以及政府对疫情管控的消极态度，2020 年我国出境旅游目的地主要集中在亚洲等周边国家及地区，旅行社接出境旅游组织人次排名前 10 的目的地依次为：泰国、日本、中国台湾、越南、新加坡、马来西亚、印度尼西亚、澳门、韩国、澳大利亚（各目的地所占比例见图 2–6）。但据经济学人智库统计，疫情前中国游客出境热门目的地的中国香港、中国澳门、泰国，2020 年中国游客分别下降了 93.8%、83% 和 88.6%①。就出

① 《The road to recovery for Chinese outbound tourism》, The Economist Intelligence Unit, https://www.eiu.com/n/the-road-to-recovery-for-chinese-outbound-tourism/，访问时间：2021 年 8 月 11 日。

境旅游客源地来看，2020 年我国出境游客主要集中于东部沿海等经济较发达地区，出行人次排名前十的省份依次为：上海、北京、广东、江苏、湖南、浙江、福建、山东、辽宁、重庆（见图 2–6）。

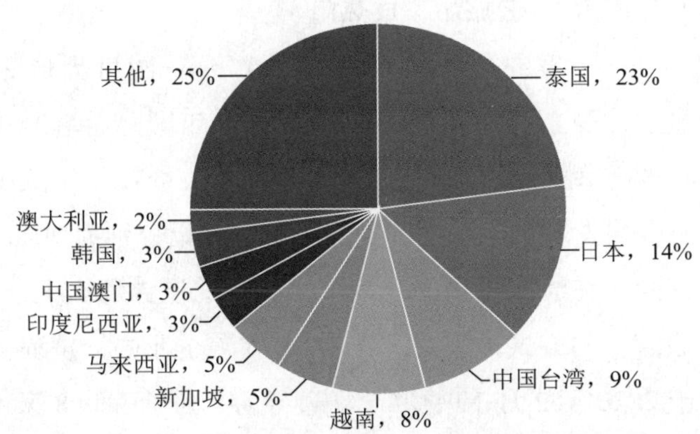

图 2–6　2020 年度出境旅游目的地前十位国家或地区

数据来源：中华人民共和国文化和旅游部。

2. 疫情防控形势严峻　出境禁令重重限制

国际疫情形势不容乐观，出境戒备把控严格，出境旅行何时恢复仍是未知数。疫情暴发以来，我国海关总署、国家移民管理局等单位发布了“非必要不参与出入境旅游”的建议。2020 年 1 月 24 日（即武汉封城的第二天），文化和旅游部办公厅下发《关于全力做好新型冠状病毒感染的肺炎疫情防控工作暂停旅游企业经营活动的紧急通知》，要求所有“线上旅游产品”和旅游团全部停止出行，并暂停组团和地接业务。与此同时，全国公安机关出入境管理部门暂停受理、审批、签发内地居民赴香港、澳门团队旅游、个人旅游（含深圳“一周一行”）签证。

目前，国内疫情防控呈现常态化趋势，国际疫情形势也越发不均衡，间歇性的小范围疫情暴发不在少数。因此，出于对人民生命健康的考虑，我国目前对出境旅行仍保持谨慎态度，出境管控层层森严。国家移民管理局仍将继续严控人员跨境流动、严密边境口岸管控，在护照和签证审批方面比疫情之前严格数倍。此外，出境客运航班也通过座次限制等方式配合我国出境管控工作。既要面对我国森严的出境管控，也要遵守目的地国家的防疫政策，国人出境旅游的春天仍未可期。

3. 出境游业务停摆 “云旅游”成热门

出境“遇冷”，游客纷纷“向内而生”，“云”游世界成为新风尚。据UNWTO调查显示，受新肺炎冠疫情影响，2020年国际游客减少10亿人次，较去年减少了74%，就地区来看，亚太地区游客数量较往年减少约84%，非洲和中东地区游客减少75%，欧洲和美洲的游客减幅分别为70%和69%[①]。

疫情暴发期间，在居家隔离的政策下，民众“世界那么大，我想去看看”的需求以“云旅游”的方式被满足。在OTA旅游企业中，携程依靠强大的头部资源优势，于2020年2月19日联合驴迹导游、E景游等8家导游服务供应商，率先发起“景区云旅游”活动。此活动不仅涵盖我国大江南北31个省市的3000多家景区，而且大批境外知名景区也在活动范围之内，其中，仅日本景区就达到了127家，游客足不出户就能尽情享受全球48个国家的优质景观。随后，马蜂窝平台也扛起“云旅游”大旗。2020年3月6日晚，马蜂窝与快手联合打造的首场“云游全球博物馆”直播——“丹麦安徒生博物馆：寻找童真”，预告片上线不到一天便获得上百万频次的播放量；2020年3月10日，由马蜂窝和国内外旅游局、景区景点、旅游服务商和旅行达人联合打造的马蜂窝特色直播上线。

与此同时，景区和博物馆紧跟其后，使这场视觉盛宴更加华丽诱人。博物馆中的“网红”故宫博物院推出“全景故宫”，给予游客一人独享“皇宫”的特权；中国国家博物馆也顺势推出数字展厅，让游客尽享中华上下五千年的精彩；敦煌莫高窟打造的数字敦煌，通过3D全景展示细致入微的“飞天壁画”；秦始皇陵博物院用500亿像素全景在线还原兵马俑的一姿一态，游客在家即可

① *Tourist Numbers Down 83% But Confidence Slowly Rising*, World Tourism Organization, https://www.unwto.org/news/tourist-numbers-down-83-but-confidence-slowly-rising，访问日期：2021年8月11日。

从容不迫地仔细观摩；福州三坊七巷推出“云游坊巷”线上直播，古厝故居、街头艺人、网红书店等给予观众满满惊喜。

“云旅游”为旅游业开通了“回暖”通道，既发挥了营销作用，保持了旅游目的地热度，也满足了人们疫情居家期间的游览需求，给人以身临其境般的畅游体验。

4. 疫情施压出境游企业　聚焦国内游成自救主途

疫情之下，出境旅游业务大幅度缩减，出境旅游企业纷纷转向国内市场。聚元资本创始合伙人高笛表示：“疫情下能不能活下来，就要拼企业自己的家底厚不厚了。”

受疫情影响，出境游市场全面停滞，出境旅游企业难逃亏损厄运。据公开数据显示，携程 2020 年第一季度的国际旅行订单接近于 0，亏损将近 12 亿元；众信 2020 年实现营业总收入 16.13 亿元，同比下降 87.27%；凯撒旅业 2020 年营业收入 16.15 亿元，同比下降 73.25%。出境游市场几乎处于全面“熄火”状态，据启信宝的统计数据显示，2020 年经营出入境旅游的企业消亡了 14906 家。“中国出境旅游 O2O 第一股”百程旅游于 2020 年 2 月 29 日正式启动破产；6 月 10 日，出境自由行领域的明星企业——世界邦旅行网也宣布暂停运营。

2020 年 9 月 16 日，联合国世界旅游组织（UNWTO）专家接受媒体采访时表示，新冠肺炎疫情结束后，全球旅游业需要 2~4 年的时间才能恢复到 2019 年的水平，而出境游的全面复苏要等到 2022—2024 年。

在出境旅游恢复之日遥遥无期的情况下，“出境游”消费回流中国境内，出境旅游企业正借此契机，加速布局国内市场。自 2020 年 4 月以来，国内疫情得到控制，清明小长假迎来第一波旅游出行高峰，国内市场巨大的潜力，吸引出境旅企深耕国内市场。广东最大的旅行社广之旅的总部集团岭南控股，迅速布局省内直销渠道，加大自由行、自驾游、定制游等旅游产品的供给，并凭借集团敏锐的市场嗅觉，在康养、美食、体育、休闲等旅游、度假目的地的细分市场深度拓展；凯撒旅游发布了以“国色·东方”为主题的本地游产品矩阵，并与三特索道在定制服务研发、精品线路推广、游客流量提升等方面开展深度业务合作，加大国内游、本地休闲文化生活产品的研发。

受全球疫情形势影响，原本青睐出境旅游的消费者纷纷向国内市场回流。为紧跟终端市场需求的变迁，出境游企业转战国内市场，将既往的境外游服务经验嫁接至国内旅游，以期走出困境。

5. 出境游持续冰封 出境旅企加速转型跨界

自新冠肺炎疫情暴发以来，出境旅游业务停摆，传统出境旅游批发商和供应商跨界转型展开自救。面对严峻形势，出境旅企的抗疫及求变之路，在很大程度上将直接影响旅游业整体的恢复、发展和转型。

“To B”端的旅游产品批发商和地接社，由于缺乏直客资源，部分企业纷纷另起炉灶，华丽转身。借助多年深耕国外的经验，利用自身优势，或开展留学服务，或承接外语培训代理，或开拓海外代购业务，在疫情这段困难时期，积极开展自救，支撑企业解决现金流问题。

“To C”端的传统旅行社和OTA，利用客户资源优势，纷纷转向免税行业和电商行业。传统旅行社转型跨界，积极进军免税业务。随着海南自由贸易港建设总体方案的落地，在出境游难以恢复的情况下，传统旅行社开启了对免税行业的探索。凯撒旅业与具有三十余年免税行业经营经验的中国出国人员服务公司积极联手，鏖战海南免税市场；众信旅游也紧随其后，与王府井免税签署战略合作协议，以期在海南免税市场分一杯羹；中青旅则与淘宝联盟，在天猫国际的选品服务方面展开合作，赚取佣金；中国旅游集团旗下的三亚国际免税城在出境遇冷的疫情期间更是几乎垄断了国内免税奢侈品业务，恢复营业当天现场直播观看量超过1.34亿，营业收入暴涨将近7成。与此同时，OTA借助多年的客户及粉丝资源，利用平台优势开展综合社交电商业务。同程推出“同程生活+惠出发+咪店”三张牌，开创“私域流量+会员制+无界商业”模式，在旅游产品销售的基础之上，增添更多销售品类；在同程跨界电商的同时，驴妈妈、途牛等旅游企业也争相向电商转型发力，驴妈妈的“旅客严选”打造独家IP，途牛的“途牛严选”主攻品质生活。通过跨界升级，不但大大减轻了疫情对出境旅游企业的冲击，而且有效提高了用户黏性和平台收入。

疫情让国内出境旅游企业损失惨重，这不仅是对企业抗风险能力的一次大考，也是出境旅游企业优化业务结构的一大契机。出境旅游企业主动进军免税业务、电商等行业开展自救，发掘出高频消费与低频消费之间的互动模式，在原有垂直化旅游业务之外看到更多可能。

（二）中国出境旅游发展展望

1. 出境政策、疫苗接种和数字技术保驾护航，出境旅游有序开放将稳步推进

（1）出境政策逐渐放宽，谨慎评估和有序开放是主调。

从长远来看，防疫局势稳中向好，我国的出境政策也有缓慢放宽的趋势。实际上，已有相关的实践探索出境旅行的重启。

目前，为拯救陷入困境的旅游业，各国正在逐步放宽旅客入境的限制条件；“旅行泡泡”在全球范围内正屡屡被提及。旅行泡泡（travel bubbles）又称“旅游走廊”（travel corridors），是一种邻国或附近国家之间的独家合作关系，即达成合作关系的国家之间的人员可自由往来，入境无须强制隔离。

2020 年 5 月下旬，“旅行泡泡”首次在立陶宛、爱沙尼亚和拉脱维亚等欧洲国家建立；随后，澳大利亚开始和新西兰制定一系列计划和协议，澳新“旅游泡泡”于 10 月正式建立；特别地，2020 年 10 年 15 日，中国香港特区政府和新加坡政府已就“旅行泡泡”达成初步协议，初步达成的“旅游泡泡”协议主要包括五项安排：①就旅客往来目的不设任何限制；②“旅游泡泡”旅客须接受两地互认的冠状病毒病聚合酶连锁反应测试，并呈阴性结果；③“旅游泡泡”旅客抵达后，无须接受强制检疫或履行居家通知，行程也不受限制；④“旅游泡泡”旅客须搭乘特定航班；⑤“旅行泡泡”的规模可随时做出调整，特定航班数目可做增减或暂停，以配合两地疫情的最新发展。

虽然“旅行泡泡”可以在一定程度上激活旅游业且正在多国实行；但疫情的反复随时会让“旅行泡泡”变成“旅行泡沫”。2020 年 11 月 12 日，外交部副部长罗照辉表示，中国在疫情缓和的时候，一直在探讨包括便捷通道、绿色

通道来推动人流、物流、经济恢复和跨国人员往来；对于境外火热的“旅行泡泡”并不否认，但仍需认真研究。

就目前国际疫情防控态势，保护人民群众生命安全和身体健康仍是第一工作。虽然目前所做努力都是为出境旅行的彻底解封铺路，各国出境利好政策已经跃跃欲试，但出境政策的彻底放宽还需看全球的防疫控制效果。因此，从总体来看，谨慎评估和有序开放将是我国出境旅游发展的主基调。

（2）出境游波浪式前进，疫苗和数字技术保驾护航。

随着疫苗接种的普及和数字技术的加持，出境旅游将慢慢回升，但仍存在大量不确定因素。

自2020年12月8日英国开始大规模接种新冠疫苗以来，美国、俄罗斯、德国、法国等主要目的地国家也积极开启了疫苗接种工作；我国也紧跟步伐，于2020年12月19日开始在全国范围内进行新冠疫苗接种。全球疫苗的广泛接种大大降低了新冠病毒的传播和病死率，为国际人口流通提供了必要的保障，也为全球出境旅游的恢复注入了希望。据经济学人智库预计，在疫苗的广泛接种下，2022年，必要的商务旅行和探亲旅行将会恢复，而大规模的出境旅行预计在2024年年初将恢复至大流行前的水平。

在疫苗接种普及的基础上，“疫苗护照”的提出，不失为疫情常态化时期出境旅游的另一种有效保障。“疫苗护照”即国际认可的新冠疫苗接种证书，作为国际通用健康证明，持有者可以凭借此获得疫情管制措施的豁免权，如入境隔离，核酸检测证明等。2020年12月15日，全球五家航空公司捷蓝航空、汉莎航空、瑞士国际航空、美国联合航空和维珍航空推出了Common Pass，该数字健康通行证可以记录并存储旅客的健康检查信息，替代了烦琐的纸质证明材料。“疫苗护照”避免了疫情限制的“一刀切”，成为出境旅游市场逐步恢复的关键一环。

数字管理技术成熟发展，无接触旅行或成新趋势。2020年9月，世界旅游及旅行业理事会（WTTC）为推动全球无接触旅行，提出了“安全无障碍旅行项目（SSTJ）”，该项目利用非接触式技术、生物识别技术确认身份与预订数据，为旅客提供安检、通关、酒店入住与退房等服务[①]；谷歌也正在将 Nest Hub 智能显示屏和谷歌助手引入酒店客房，提升无接触技术服务的能力。与此同时，游客出于安全考虑，更愿意将消费模式由线下转移到线上；无接触支付、无接触配餐、在线预订等也将比疫情之前更受游客欢迎。国际航协北亚地区副总裁、驻中国首席代表马涛表示，疫情危机强化了数字化管理的重要性，随着数字身份技术的发展，边检流程也越来越多地通过电子门实现自助服务。

虽疫苗接种正在全球加速推进，为出境旅游的恢复注入希望；但在疫情反复下，随时会按下出境游的“暂停键”。从总体趋势来看，疫苗和数字技术为出境旅行保驾护航，但出境旅游仍在波浪中缓慢推进。

2. 出境旅游坚守安全底线，近程、小众、品质旅游更受青睐

（1）由近及远慢旅行，健康安全是首选。

随着疫情得到有效控制，出境旅游需求将稳步回升。根据 Expedia 集团发布的报告，2020 年第二季度全球旅行搜索量季度环比增长 70%，消费者对于旅行也持更乐观的态度，72% 的受访者在未来一年里有出行计划[②]。但在疫情之后，中国游客选择出境游目的地的习惯也将有所改变。

出境旅行需求将由近及远缓慢释放。香港、澳门“双雄并起”，亚洲周边旅游热度将持续上涨。自 2020 年 9 月 23 日，澳门恢复办理内地居民赴澳门地旅游签注并取消往返澳门的 14 天强制隔离后，澳门旅游产品预订人次增速迅猛；据澳门特别行政区政府统计暨普查局的公开数据显示，2020 年下半年数据环比 2020 年上半年，携程平台上澳门旅游产品预定人次增速为 24%，且上涨空间较大。除中国香港和中国澳门外，一些热门亚洲国家或将成为出境旅游热门旅游地。据大数据平台“旅行观察家”发布的《2020 目的地复苏指数报

① 《WTTC 致力于推动全球无接触旅行》，中国旅游新闻网，http://www.ctnews.com.cn/paper/content/202009/02/content_50256.html，访问日期：2021 年 8 月 11 日。

② 《The Travel Industry’s Recovery Continues》，Expedia Group Media Solutions，https://info.advertising.expedia.com/travel-recovery-trend-report-download-2021-q2，访问日期：2021 年 8 月 11 日。

告》显示，泰国、日本、新加坡、越南等国家入选疫情后海外旅行目的地心愿指数前列[①]。

“小众秘境”引爆热潮，或将成为新一轮的出境游新趋势。据携程发布的公开数据显示，2019年赴塞尔维亚、克罗地亚、摩洛哥等小众旅游目的地的订单量同比增长超过100%；而Tripadvisor发布的《2020年旅游报告》提出，65%的消费者将避开拥挤的地方作为选择旅游目的地的重要因素[②]；由此可见，待出境游恢复之日，小众旅游目的地或将迎来爆发式增长。

在未来，目的地选择偏好的改变将掀起游客流动性的重塑浪潮。就短期而言，健康和安全等出境诉求将成为首要因素，亚洲周边短途目的地将是游客的首选地，跨境旅游互惠协议国家将纳入出境旅游的重要考量；而从长期来看，更多小而美的目的地将被纳入旅行清单，小众旅游目的地将成为游客出境选择的新趋势。

（2）“碎片化”“定制化”“小团化”的旅行方式渐热。

在旅行方式选择方面，私人定制小包团将成为游客出境旅游方式新选择，旅游碎片化的趋势正在加速。随着旅游需求的日趋个性化和多元化发展，“出境游”作为一种异地化生活方式，除“机票＋酒店”等标品外，游客对景区门票、当地租车、境外Wi-Fi等“吃喝玩乐购”方面的碎片化服务需求越来越广泛。相较于传统的跟团游产品，私人定制小团游可根据游客的要求在成团对象、行程安排、时间长短、交通工具、住宿及餐饮标准等方面“个性化定制”，不仅可以满足游客的多样化需求；也可以灵活地避开旅游景点和餐厅的高峰期，大大提升游客的旅游体验感。

此外，在疫情常态化下，游客越来越重视旅行的“私密性”。“相对隔离”“错峰出行”理念深入人心，游客在选择旅行方式时，会将密集人群的

① 《携程：2020目的地复苏指数报告》，中国互联网数据资讯网，http://www.199it.com/archives/1018208.html，访问时间：2021年8月11日。

② 《Tripadvisor：2020年旅游报告》，中国互联网数据资讯网，http://www.199it.com/archives/1159302.html，访问时间：2021年8月10日。

“接触风险”纳入考虑范围之内。私人定制小包团因其“更个性、更私密、更省心、更自由”的特点，越来越成为游客青睐的出行方式。

（3）自然度假需求旺盛，轻奢精品更受欢迎。

自然休闲类产品市场反响热烈，体验与质量将博得年轻人好感。在疫情暴发之前，游客对出境旅游的高质量需求已经明显，在疫情得到有效控制之后，这种需求将围绕亲近自然体验的轻奢精品进一步拓展，野奢概念受到追捧。据2020年IPK International的调研显示，55%的受访者表示向往与自然相关的旅行，另有21%的受访者明确提出，更愿意开启一场自然度假之旅。受疫情影响，户外自然旅行热度空前高涨，“亲近自然，放松身心”成为游客们的新诉求，越来越多的消费者将进入越野自驾、自然野奢、全球旅拍、山地滑雪、冲浪跳伞等自然度假产品市场。除此之外，注重服务体验和旅行品质的年轻用户群体正在成为出境游的主流，这就需要逐渐提高食宿和旅游产品的标准。据《2019全球自由行消费分析》显示，年轻人更注重旅游的体验和品质，随着消费的不断升级，年轻人或将更愿意为旅行品质买单。

在未来，游客在出境旅行产品的选择上，更愿意选择高星级酒店和正规服务品牌，亲近自然的轻奢度假产品将迎来更大的市场。

3. 出境旅游企业集中趋势加强，转型创新探索市场新机遇

（1）头部集中趋势持续，旅行社竞争加剧。

旅行社内部集中度加速提高，旅游市场向龙头企业集中将成为长期趋势。国内旅游市场风起云涌，携程与去哪儿在多年斗争后以合并收场，携程成为最大的受益者稳居行业老大；同样，“强者恒强、弱者恒弱”的马太效应在出境旅游中不断上演，出境旅游市场正在加速洗牌，集中趋势也将持续加强。在出境游业务板块中，昔日众信、凯撒、华远、凤凰假期和竹园国旅五大批发商经过一轮轮的兼并收购，最后仅剩凯撒旅业和众信旅游这两大赢家；而在疫情冲击下，凯撒和众信先后布局免税业务，并积极拥抱互联网巨头探索新思路。由此可见，“头部集中”趋势在出境游增速放缓时会表现得更加明显。

互联网巨头涌入旅游赛道，出境游旅行社竞争将持续加剧。不论是凭借

"种草"起家的小红书、坐拥"百亿补贴"的拼多多，还是共享出行先锋滴滴都先后加入在线旅游赛道，让原本低迷的市场平添波澜。旅游业是互联网巨头实现流量"变现"的突破口；互联网企业利用自身的流量优势，进军旅游行业，具备了抢占细分市场先机的可能；这不仅加速了传统旅游业的变革，也正在催化更具差异化与品质化的旅游产品渐渐涌现。

从长远来看，大型出境旅游企业拥有资本、规模化、品牌化等优势，产品开发能力和抗险能力更强，龙头企业市场占有率有望提升；与此同时，互联网巨头入局旅游业，既加剧了出境游旅行社的竞争，也加速了旅游产品的迭代和升级。

（2）出境旅企数字化转型，全面优化提质增效。

出境旅游企业加速产品创新和服务提升，大步迈入数字化转型道路。随着游客对出境游的高品质和安心服务的追求，出境企业在疫情期间进行业务梳理、员工培训、创新产品等筹备工作。首先，在业务上，将摒弃以低价为主的经营模式，将不断提高品质、提升服务；深挖细分市场，如老人游、亲子游、蜜月游等细化产品，服务上不断升级，向高端精品转型，满足游客不断变化的旅游需求。其次，旅游业数字化水平在疫情期间获得长足发展。旅游企业正顺应趋势，将推进旅游业数字化转型，既努力提升数字营销服务能力，通过网络开展"旅游直播""产品预售"，拓宽线上营销渠道，为出境游重启积蓄热度；也不断培育"云旅游"等数字化旅游产品，提升旅游竞争力水平。同程旅行旗下臻旅科技推出"你好世界"品牌，用"会员制＋社交＋科技"三驾马车共同驱动产品升级，致力于打造高品质、定制化和全方位的旅游产品与服务。

在未来，出境旅游企业将利用科技赋能，无论是在旅游产品升级，还是在旅游精准营销等方面，都将深刻改变旅游业的发展格局，旅游经济正在进入深耕细作的"拼效率"时代。

（3）市场主体创新跨界，多元化发展成趋势。

出境旅游企业积极开发国内市场，不断拓展跨界业务，出境游企业呈现出多元化特征。一是立足"以国内大循环为主体、国内国际双循环相互促进的新发展格局”，将出境旅游业务转换成国内旅游业务，聚焦有潜力的替代业务模块，如以出境游为主要业务的穷游网，在2020年将占比不到10%的国内业务快速提升至20%，力图将出境游的丰富经验运用到国内目的地。二是纵向完善出境游产业链，横向拓展跨界业务。在纵向方面，上游企业不断纵向完善出境游业务的上中下游，未来更多产品直接面向客户群体，培育“私域”流量；在横向方面，依托与境外相关资源方合作的优势，加速拓宽产业布局，开展境外品牌代理、直播带货、免税业务、快递、保险等跨界业务，不断适应资源整合、跨界融合的发展趋势。

在未来，产业融合是全球经济发展的大趋势；出境旅游业也是如此，以跨界为引领，多元创新与融合将继续成为出境旅游业的突破口。

下篇　监管篇

第三章　旅游市场监管总报告

吴丽云　徐嘉阳　阎芷歆①

一、旅游市场监管现状

改革开放以来，市场经济成为配置社会资源的主要经济形式，旅游业在市场化运作模式下蓬勃发展，成为国民经济战略性支柱产业。随着旅游业的快速发展，旅游市场监管体系的构建为旅游市场监管提供了科学支撑，成为保障游客利益，营造良好旅游市场氛围，满足游客对高质量旅游服务与体验追求的有效手段。

（一）旅游市场综合监管

旅游业是一个涵盖了多行业的综合性服务业，其自身活动所涉及部门的复杂性对监管体制的协同合作也提出了更高的要求。单部门各司其职的监管固然针对性强、渗透度高，但缺少对旅游服务产品链全面的把控，易出现推诿扯皮和“三不管”的灰色地带，滋生监管盲区，不利于形成健康平衡的旅游市场秩序。2016年，国务院办公厅印发《关于加强旅游市场综合监管的通知》，强调加快建立权责明确、执法有力、行为规范、保障有效的旅游市场综合监管机制。在综合监管理念的指导下，各省市区域积极响应，初步形成了自上而下的

① 吴丽云，北京第二外国语学院中国文化和旅游产业研究院副教授；徐嘉阳，北京第二外国语学院旅游科学学院研究生；阎芷歆，北京第二外国语学院旅游科学学院研究生。

全域旅游市场监管体系。

1. 政策监管

部门规章、行业政策是旅游市场监管的制度基石，也是涉旅企业行为规范的底线。旅游主管部门通过制定部门规章、政策和标准，加强旅游市场信息监管，创造公平公正的市场环境。2020 年，在旅游电子商务高速发展的背景下，我国出台了《在线旅游经营服务管理暂行规定》，以规范在线旅游市场秩序，保障旅游者合法权益。《在线旅游经营服务管理暂行规定》要求各地文旅和相关部门提升行政管理和执法能力，做到“有规可依”和“有规必依”，及时监管、及时反馈。这些标准为旅游企业行为划定了界限，敦促其自我纠察和优化。市场监管总局《关于深化“互联网＋旅游”推动旅游业高质量发展的意见》提出以大数据采集分析为操作基础，加强旅游安全监测，完善全国旅游监管服务平台，健全中央—地方双层级的旅游市场信息化、智能化监管服务格局。鼓励各地区实时监测区域旅游消费趋势，建立数据导向的政策调整机制。

2. 执法监管

加强市场监管和执法力度是保障旅游市场秩序的必然手段。旅游活动的跨行业性质要求各分管部门之间共享执法信息，会同相关部门联合执法，实现监管网络无死角、全覆盖的精准执法。

2016 年，国务院办公厅发布《关于加强旅游市场综合监管的通知》，敦促各相关部门以旅游市场综合监管责任清单为抓手，强化联合执法的开展；加快推进综合行政执法体制改革试点，强化执法与司法衔接，严格规范旅游执法行为。该文件的发布强调了旅游市场综合监管的重要意义，以高位视角致力于打造旅游市场综合治理体系，明确了各部门的监管职责，奠定了执法监管权责统一、协同创新的基调，为旅游市场未来综合监管操作策略的突破提供了方向和思路。在各地的市场监管执法中，已出现了旅游警察、旅游法庭、旅游工商分局的“1+3”模式的执法机制改革创新。旅游监管执法从主管部门的“单打独斗”演变为多部门的“团体作战”，大幅提升了旅游业发展的综合协调能力。各省市在这一制度创新的启发下，结合自身实际，演化出“1+3+N”的多维实践模式，整合、转移、下放执法权力，纠集质检、城管、物价等多方力量，及时、主动、有效地开展旅游监管执法工作。

2020 年全国文化和旅游市场秩序整治电视电话会议要求各省市对标文化和旅游部“体检式”暗访工作内容，加大对市场秩序整治力度，严厉打击违规组团社和地接社，坚决把不合理低价的购物店“一锅端”；在做好疫情防控工作的同时，开展实地监管检查，建立起疫情防控常态化下的长效执法监管机制，以数字化、信息化持续打造监管体系、标准体系、诚信体系和投诉体系。

2020 年，文化和旅游部持续加强旅游市场整治，实行行政检查 349 次，推进未经许可经营旅行社业务专项整治行动，严查“不合理低价游”等违法违规经营行为，进一步规范旅游市场经营秩序。随着旅游市场整治程度不断加深，执法人员对基于互联网的违法违规行为的隐蔽性、复杂性有了更充分的认识，并根据这一执法难点提出了“警旅联动”的解决方案。“警旅联动”以公安机关的强制性公权力为保障，对旅游经营违法主体追加行政处罚外的刑事责任，弥补了旅游行政执法手段的不足，强力震慑了旅游市场的经营主体，充分发挥“铁手腕”的执法监管精神，实现全链条运转下的旅游监管执法机制运行。

3. 社会监督

社会监督是旅游业治理的有效方式，也是政府再监管制度的一个重要组成部分。社会监督是指无法定监管职能的社会团体、组织和公民个人以批评、建议、检举、申诉、控告等方式对旅游市场安全存在的有害信息进行的监督，主要包括公民监督、社会团体监督以及舆论监督。社会监督的对象可以是涉旅企业、行业协会、网络平台甚至包括旅游主管部门，社会监督的存在为旅游市场监管提供了一个更为开放的视角，在降低旅游市场监管成本的同时提高了监管效率，以更灵活的手段完善了旅游监管网络。

互联网时代，以个体身份发声的自媒体成为社会监督中一股崛起的新生力量。从云南丽江的旅游乱象到青岛天价大虾事件，再到网红餐厅景点卫生安全隐患的曝光，新媒体人的话语权分量越来越重，游客拿起法律武器，利用舆论工具进行自我维权的意识进一步加强，对旅游市场监督起到了重要的补充作用。同时，社会舆论监督的权力尚未被完全关进“制度的笼子”，各监督主体之间所得信息不对称，监督传播链与发酵机制不完善，旅游反馈部门间缺乏沟通配合，有时甚至会出现反作用和负面影响。因此，未来旅游市场的监管既要利用好各社会主体参与监管过程的积极性，也要把握监管话语权的主导方向，形成具有合力的社会监督体制。

4. 行业自律

我国对旅游市场的管理采取政府部门监管和行业自律相结合的方式，行业协会应当而且必须在旅游市场监管中扮演重要角色。《旅游法》明确规定依法成立的旅游行业组织可制定行业经营规范和服务标准，对其会员的经营行为和服务质量进行自律管理。中国旅游协会是经国务院批准正式宣布成立的第一个旅游全行业自律性组织，采用会员制方式，代表和维护全行业的共同利益和会员的合法权益。除此之外，旅游活动各个环节的行业部门，也都建有全国性和地域性的协会组织，有效保障了旅游业的良性运转。我国 31 个省、自治区、直辖市也都设有地方旅游协会，部分协会还下辖饭店分会、旅行社分会、景区分会、教育培训分会等具体的职能分会。

行业协会在市场主体服务质量认证、等级评定和市场秩序维稳倡议中扮演了重要的角色。中国旅游饭店业协会制定了《中国旅游饭店行业规范》，并与时俱进地更新条款与内容；中国旅行社协会多年来针对研学旅行、出入境旅游接待企业、旅游定制、旅行管家、旅游电子商务等方面出台多项行业标准，力求进一步规范和完善旅游市场秩序。2020 年，文化和旅游部发布《关于进一步优化营商环境推动互联网上网服务行业规范发展的通知》，明确要求行业协会发挥带头引领作用，推进行业标准化建设，加强行业自律和正面引导。同年，中国互联网协会发布《酒店在线服务质量评价与等级划分》团体标准，以电子商务平台内的单个酒店为评价对象，以酒店线上服务质量为评价内容，帮助消费者鉴定酒店在线服务的质量。中国旅行社协会标准管理委员会批准发布

《旅游定制师等级划分与评定》团队标准和《旅游电子商务师等级划分与评定》团体标准，对初、中、高三级“旅游定制师”和“旅游电子商务师”的划分与任职资格、知识要求和技能水平提出了相应的要求，建立“旅游定制师”和“旅游电子商务师”退出机制，保障定制旅游市场的规范化发展。虽然我国部分行业协会已经开展了行业规范的制定工作，但总体上来说，旅游行业协会自律规范的制定仍存在空缺，需要从旅游活动的各项职能出发，完善不同层级、不同领域的自律规范，建立起以法定标准为依据，契合各细分行业实践需要的旅游行业规范体系。

（二）旅游市场信用监管

旅游系统运行中所出现的弊病，既需要寻求治标治本之策，也要注重市场监管的长效机制，尤其是旅游市场信用监管体系的建设。作为社会信用体系建设的重要组成部分，信用监管的本质在于根据市场主体信用状况实施差异化的监管手段，实现监管资源配置在重点领域、重点环节、重点对象上的集聚，提升监管效率，形成旅游市场秩序的良性循环。近年来，国务院先后发布了《社会信用体系建设规划纲要（2014—2020 年）》《关于建立完善守信联合激励和失信联合惩戒制度加快推进社会诚信建设的指导意见》《关于加快推进社会信用体系建设构建以信用为基础的新型监管机制的指导意见》等文件，从国家层面一再强调信用建设在社会管理中的基础性作用，强调信用体系建设在提升监管能力水平、优化商贸环境、推动高质量发展中的重要地位。

与传统监管手段相比，新型的信用监管贯穿旅游市场主体全生命周期，有效保障了旅游企业承诺落地和追责有路，实现“失信者寡助”的良好市场氛围；同时，信用监管以大数据为基础，施行分级分类的精准监管，对于旅游活动中的风险预判和跨行业、跨区域风险处置都具有高效作用，尤其是在互联网时代，在线经营的一系列特征都要求有新型的监管手段来配合管理；信用监管包括信用监管机制协同、业务协同、信息化系统协同等机制，能够整合多方力量，形成覆盖全旅游市场的监管合力。

2020 年，国务院办公厅《关于进一步完善失信约束制度构建诚信建设长效机制的指导意见》强调了信用监管在旅游市场中的重要地位。同年，文化和旅游部公布《在线旅游经营服务管理暂行规定》，依法建立在线旅游行业信用档案，与全国旅游监管服务平台联动，将在线旅游经营者在监管过程中的“一举一动”都依法列入信用记录，并与相关部门建立信用档案信息共享机制，依法对严重违法失信者实施联合惩戒措施。该信用档案的建立使旅游企业的相关信息公开透明，以连带责任的方式严格规范在线旅游经营者行为，建立起“游客至上”的服务机制，使失信旅游企业无所遁形。在信用监管手段与方式的不断完善中，旅游信用体系建设取得了新的突破，“黑名单＋备忘录”的信用监管框架基本形成。

（三）旅游市场服务质量监管

旅游服务质量是旅游业作为现代服务业的内在属性，加强旅游服务质量监管是推进旅游业供给侧结构性改革的主要载体，也是旅游业现代治理体系和治理能力建设的重要内容。文化和旅游部公布的《关于实施旅游服务质量提升计划的指导意见》（以下简称《指导意见》）指出，旅游市场监管部门要以强大的监督能力，倒逼旅游经营者提升服务质量；要不断增强发现旅游市场秩序薄弱环节、解决当前突出矛盾和长期积累矛盾的能力，推动旅游市场秩序持续向好。在《指导意见》的统领下，旅游市场服务质量监管的体系搭建步入了快车道。

2020 年，四川省率先发布《四川省文化旅游服务质量蓝皮书（2020）》（以下简称《蓝皮书》），针对游客、旅游专家、媒体从业人员等旅游市场参与者，以旅游服务质量满意度综合评价为核心指标，对全省文化旅游市场服务质量状况开展多维调查，以期系统科学地对省域内各企业旅游服务质量实施监管。《蓝皮书》的发布客观地反映出游客对四川省文旅服务水平的感知，体现了四川省文旅发展的先进之处，也暴露出服务过程中的短板和盲点，为四川省及各州市因地制宜地出台改善举措提供了指向清晰、标准明确的路径指引。山西省印发《加强旅游服务质量监管提升旅游服务质量行动方案》，要构建旅游服务质量监管新格局七大行动，全面建设高标准旅游市场体系。甘肃加强星级饭店服务质量监管，开展星级饭店评定性复核检查工作，着力提升标准化服务水平。宁夏集中5年时间，实施“六大行动”，以旅游服务标准化、品牌化、网络化、智能化打造为目标，提升旅游服务质量监管水平。

质量意识在旅游行业中逐渐深入人心，质量监管工作朝着系统性、整体性和协同性的方向不断强化。纵向联动和横向协同的加深有利于旅游服务质量监管成效的凸显，调动市场主体提升服务质量的积极性，推动形成多方共治格局，助力构建旅游市场服务质量监管新发展格局。

（四）疫情防控新常态下旅游市场监管

新冠肺炎疫情给旅游业带来了沉重的打击，也对旅游市场的监管形势提出了新的考验。一方面，是疫情防控要求下跨省游的限制；另一方面，是旅游市场复产复工的迫切需求。两者之间平衡的协调，需要市场监管部门不断创新监管手段。

防疫初期，文化和旅游部办公厅要求涉旅企业取消国内外一切旅游活动，严防疫情通过文化和旅游途径传播扩散；疫情得到有效控制后，旅游市场监管重点由“堵”转“疏”，重点助力各地各级旅游市场复苏，做好疫情防控常态化下的文旅市场开放。2020年，文化和旅游部、国家卫生健康委联合印发《关于做好旅游景区疫情防控和安全有序开放工作的通知》，坚持分区分级原则，细化管理措施，做好预案，加强监管，协同各方做好旅游景区疫情防控和安全有序开放工作。各省市还积极利用互联网技术和大数据，创新旅游信用监管体制的表达。浙江省文化和旅游厅大力推进“一平台三体系”建设，首创“信用绿码”，根据市场主体信用评价结果生成“信用绿码”，并将此码作为市场主体“亮信用”的展示窗口和游客对其进行点评、反馈的接入口，助推行业高质量复工复产。

疫情反复时期，各旅游监管部门加大监督检查力度，灵活设置不同旅游场所的防疫要求，严格落实卡码双验、实时测温、佩戴口罩和预约限流的防疫规定，有序扩大国内旅游市场开放程度。湖南省永州市文化市场综合执法局持续强化文化旅游行业执法监管，坚决守护文化旅游疫情防控阵地。针对突出的重点旅游场所，采取日常巡查、夜间督查和远程视频技术监控相结合的方式，加大防疫责任意识的宣传和监管力度。湖北省文旅监管部门紧盯旅游行业疫情防控的薄弱环节，对旅行社、A 级旅游景区、星级饭店、文化娱乐经营场所和公共文化场馆、剧场剧院等重点领域，全面排查疫情防控工作可能存在的短板和漏洞。同时，加大对旅游行业疫情防控工作的监督检查，通过暗访、电话、视频等多种渠道检查各地疫情防控工作落实情况，督导市县文化和旅游部门分级负责，及时发现、有力处置各种风险隐患。疫苗接种时期，旅游监管部门持续强化专项监督，督促涉旅各级各单位积极主动接种疫苗，加大宣传动员力度，加快构建免疫防线。

新冠肺炎疫情以来，旅游市场监管部门迅速反应，严格措施，积极配合国家公共卫生部门开展防疫阻断和复工复产的工作。与此同时，旅游业所产生的不可忽视的损失也暴露出我国旅游市场监管机制在应对突发公共卫生安全事件中依然存在不足。各地旅游管理部门对公共卫生危机的治理仍然存在重治轻防、缺乏对旅游传染问题的关注、治理资源不足、监测预警不完善、部门间合作不紧密等问题。因此，旅游监管部门应着力完善应对突发公共卫生事件的预警与处理机制，加强监管过程中重点资源的调度与配置，实现危机风险下监管效益的最大化。

二、旅游市场典型监管模式与制度

随着我国旅游市场监管工作的开展，在市场监管方面逐渐形成了一系列行之有效的监管模式和相对完善的监管制度，为旅游市场监管提供了良好的制度基础。

（一）“双随机、一公开”制度

“双随机、一公开”制度是2015年发布的《国务院办公厅关于推广随机抽查规范事中事后监管的通知》中要求在全国全面推行的一种市场监管模式。所谓“双随机、一公开”，即在监管过程中随机抽取检查对象，随机选派执法检查人员，抽查情况及查处结果及时向社会公开。作为适用于全行业的市场监管制度，“双随机，一公开”展现出综合执法工作的公正透明，为科学高效的保障旅游市场秩序提供了方法。实现旅游市场服务质量监管效能的提升，需要落实“双随机、一公开”制度，开展跨部门联合执法，围绕侵害游客合法权益、影响游客旅游体验和满意度的突出问题，开展常态化的“体检式”暗访评估工作，加强对各类在线旅游经营者、互联网平台等的日常监测，为促进旅游业高质量发展提供有力保障。

宁夏银川市运用“2+2+3+4”方式，即“两提高、两规范、三推进、四打击”，推进落实“双随机，一公开”巡查制度。2020年以来，共检查文化和旅游经营场所3447家次，巡查数量为8443家次，占全区总量的43%；“双随机”检查数量为7300家次，占全区总量的86%，有效排查了文旅市场中的不规范行为。天津市文旅局抓好六个“着力”，着力提升执法监督实效，持续优化营商环境。对文旅市场实施网上实时远程监控，实施诚信分区分级差异化管理，降低检查频次，减少对企业正常经营的干扰。甘肃省制定执法检查实施细则，建立完善抽查事项清单库、抽查对象和执法检查人员名录库，并在政府政务网进行公示，用制度保障模式落实到位。

“双随机、一公开”监管模式的开展，有效降低监管成本，跳出“监管俘获”的利益圈，实现监管信息的共享，为部门间综合协同监管提供了可能性支持；同时，该制度的推进还能有力纠正“监管失灵”现象的出现，克服旅游市场监管瓶颈，与社会主义现代化的旅游市场发展相得益彰。

（二）“吹哨人”、内部举报人制度

“吹哨人”是一个极度形象的外引词汇，用于形容具有组织违法违规知情消息的内部举报人。相较于一般的公民举报，“吹哨人”掌握着更为私密的一手消息源，举报内容更为隐蔽，涉案人员范围更广，打击力度也更重，是政府与民众合作执法、共享执法权的制度化表现。2019年，我国明确提出建立“吹哨人”制度，但现有体系的实践主要集中在食品、药品安全监管领域，尚未形成覆盖全行业、全层级的完整制度体系。

面对近年来旅游市场中频发的旅游乱象，要根据国务院发布的《关于加强和规范事中事后监管的指导意见》，在旅游领域探索建立“吹哨人”和内部举报人等制度，对举报严重违法违规行为和重大风险隐患的有功人员予以奖励和严格保护，畅通群众监督渠道，整合优化政府投诉举报平台功能，力争做到“一号响应”。“不合理低价游”“天价产品宰客”“诱导隐性消费和强制消费”等旅游市场的恶习严重扰乱健康市场秩序，亟待有效的价格监管机制纠正。通过鼓励内部举报人发声，有利于攻破既得利益群体的防线，揭开行业黑幕，净化旅游市场环境，实现政、企、民合力下的社会共治。旅游领域的“吹哨人”制度处于起步阶段，从顶层设计到实施方案都有待进一步完善，要以严密的信息保密性、强大的举报人保护力度和值得信赖的奖励机制保障“吹哨人”的合法权益，消除“寒蝉效应”，为其解决后顾之忧。

（三）“黑名单”制度

旅游市场监管涉及部门多、范围广，具有较强的综合性和复杂性，为提高监管效率，应将有限的监管资源更多地集中到信用监管体系之上，用制度的笼子把控住风险较高的严重失信主体。旅游领域先后发布《旅游市场黑名单管理办法（试行）》和《关于对旅游领域严重失信相关责任主体实施联合惩戒的合作备忘录》，形成了“黑名单＋备忘录”的信用监管机制。“黑名单”对七类严重违法失信行为主体和被执行人实施联合惩戒，实现对旅游市场秩序的精准

管理；“备忘录”衔接起“黑名单”制度与产业链中的各个环节，对失信主体采取评比、采购、资金扶持和消费方面的限制，最大限度地确保联合惩戒落地落实。“黑名单+备忘录”的复合型信用监管机制有效地弥补了原有监管体系的薄弱环节，进一步加强监管部门间的合作，为监管盲区的消除做出贡献。

2019年，广西“嚣张导游”事件持续发酵，直接促成了全国首例旅游市场黑名单的诞生，标志着信用监管取得阶段性重要成果。2020年1~9月，广西共受理导游领队方面投诉4起，同比下降81.82%。一方面，受疫情影响，导游业务开展数量急剧下降，另一方面，也从侧面反映出导游行为的规范化趋势，这与“以儆效尤”的“黑名单”制度严格落实密不可分。山西省出台《山西省旅游市场黑名单管理工作细则（试行）》，明确旅游市场黑名单的适用范围、分级管理和联合惩戒等相关事项，建立起具有强操作性的一套信用管理流程。以黑名单制度为抓手，强化信用监管在提升旅游服务质量中的基础作用，净化旅游市场消费与投资环境，缓解失信行为对旅游市场带来的不良影响，是建立信用清单的应有之义。

（四）各省市典型监管制度与模式

我国旅游市场监管体制机制不断优化，各省市在贯彻落实的过程中，结合地方旅游发展特色，开创性地形成了一批具有典型示范效应的地方监管模式，具有较强的监管启示和借鉴意义。

1. 上海：“四位一体”的旅游市场信用监管体系

上海市积极探索以信用为基础的新型监管机制，初步形成了“信息共享、分类监管、诚信宣传、区域联动”四位一体的旅游市场信用监管体系，监管效果凸显。

“信息共享”实现了从平均用力到精准监管的跨越，不同层级部门间以上海市信用平台为桥梁，实现了信用信息互联互通，击碎了由于职能细分而出现的信息不对称和行业信息壁垒，为旅游市场监管数据实时调用、统计分析和监测预警等功能的一体化整合提供了现实性。同时，该平台以透明公正的态度向社会公布旅游失信企业信息，倒逼市场良性秩序的建立。“分类监管”基于标准化评价规范，根据资格资质、安全生产、表彰评优、行政处罚、司法判决执行等多个因素，对涉旅企业进行信用等级划分。针对不同等级的企业采用阶梯化的监管措施，量身定制监管方案，做到有的放矢、有据可依。“诚信宣传”充分利用好社会媒体的舆论导向，为旅游企业和民众树立起“诚信践诺”的标杆，以民众通俗易懂、喜闻乐见的方式，宣扬信用社会的良好风气。“区域联动”是一种横向拓宽的地域性监管机制。上海着力推动“信用长三角”体系建设，会同苏、浙、皖三省共同落实《长三角深化推进国家社会信用体系建设区域合作示范区建设行动方案（2018—2020 年）》，依托三省一市打造长三角旅游信用服务平台，实现区域间旅游市场监管信用信息的“互通有无”，打造长三角旅游信用数据资源池。

上海市“四位一体”旅游监管体系的建设深化了信用机制的应用场景，从横向、纵向两个维度完善了监管信息的覆盖范围，强调信用信息的共享互通，分级、分类、分渠道的实施创新性监管方法，以宣带传，营造出旅游行业诚信经营的良好风气。

2. 青海：文旅信用承诺和修复机制的有益探索

2020 年，青海省发布《青海省文化和旅游领域信用承诺信用修复机制实施方案》，建立起信用承诺机制，在保障市场准入门槛的同时精简程序化流程，节约旅游市场的制度性流通成本，进一步为市场活力的提升“开闸放水”；同时积极探索建立信用修复机制，以修正而非惩戒为最终目标，督促失信市场主体自我批评、自我反思、自我纠正，从根源上认识自身行为的错误，在规定期限内进行改正，消除不良影响，打造主体自治、行业自律、社会监督、政府监管四效合一的文旅市场新格局。同年，青海省文旅局还出台了《青海省文化旅游发展工作领导小组成员单位旅游市场综合监管职责分工》，建立全省旅游市场综合监管联席会议机制、综合监管联合执法机制、联动协查督查督办机制、旅游违法违规联合惩戒机制，为青海省文旅市场的高质量发展奠定了制度基础。

自2020年起，青海省各级文化和旅游主管部门全面实行申请人信用承诺管理制度，并利用文化和旅游部全国旅游监管服务平台、文化市场技术监管与服务平台、青海省政务服务平台等，搭建起省、市、州三级联动的旅游信用信息网络矩阵。与此同时，青海省文化和旅游厅联合省内三大电信运营商，抓住外地游客的出行需求，摸清游客活动的心理特征，针对文明旅游、理性消费、拒绝不合理低价游、严守疫情防控等事项给予温馨提示，以人文主义关怀宣传健康旅游市场的建设。在“3·15消费者权益日”“青海诚信兴商宣传月”等活动中，发挥好舆论优势，培养消费者对文旅市场的信任，提振消费活力。截至2020年年底，青海省全年各级综合执法机构共受理有效投诉816件，结案率63.85%。经各级综合执法机构调解，共退赔投诉游客金额563493.34元，游客满意度达100%。

3. 山西：集成化制度体系助推旅游服务质量提升

制度体系从顶层设计的角度为旅游服务高质量发展提供了规范支持，集成化趋势下制度网络的构建有利于全面科学、条理清晰地助推区域旅游服务质量的提升。山西省文化和旅游厅发布《山西省全面提升旅游服务质量和水平的实施意见》(以下简称《实施意见》)，提出龙头景区带动、产品业态创新、公共服务提升、服务要素优化、市场环境提升、政策措施保障六大行动，并对落实情况进行督导检查和跟踪评估，以此作为全省旅游服务质量目标责任考核的重要指标。《实施意见》与政府监管体制挂钩联通，形成高标准、高起点、高效率的市场管理体系，叠加制度集群效应，形成以旅游市场为起点，作用于社会多行业的“监管棋局”，从大局出发，实现旅游服务高质量发展的目标。

2020年，山西省先后制定了《文旅产业融合发展示范区建设导则》《5A级旅游景区服务规范》等15项地方标准;《导游地接服务规范》《旅游集散中心服务规范》等10余项地方标准已进入审核阶段；编制了《三大板块旅游发展总体规划》《三大品牌建设年行动方案》等一系列规划、方案等。这些制度化的内容与《实施意见》一道，构成了山西省旅游市场监管的集成化制度网络，成为了引领新时代山西省旅游产业可持续发展的“牛鼻子”。

4. 粤港澳大湾区："9+2" 城市旅游市场联合监管协作体

随着粤港澳大湾区建设的持续推进，三地将进一步深化多边合作，实现大湾区旅游"弯道超车"的加速发展。2020 年 9 月，香港特别行政区、澳门特别行政区以及广东省广州、深圳、珠海等 9 个城市的文化和旅游主管部门共同签署了《粤港澳大湾区"9+2"城市旅游市场联合监管协议书》。该协议从政府、市场主体、行业组织等不同层面，对改进和加强旅游市场监管、推动粤港澳大湾区旅游业高质量发展提出具体要求。

本着遵循开放合作、互利共赢的原则，大湾区将建立联席会议、学习交流等工作机制，联合治理区域旅游市场中的重点问题，打造高品质的旅游服务质量。在疫情防控常态化和深化"放管服"改革的交叉背景下，携手维护经营者和旅游消费者的合法权益，尤其是保障旅客的安全问题，推进粤港澳大湾区旅游市场联合监管，打造宜居、宜业、宜游的优质生活圈和文化繁荣的休闲湾区。

大湾区旅游市场监控联防协作机制的成立，会成为重新密切三地来往的重要契机。通过建立完善的文化旅游市场监管信息共享、执法协作以及安全保障和预警机制，三地执法人员可大幅提升协调处理区域内文化旅游投诉案件的效率，及时遏制并联合打击破坏旅游市场秩序的违法违规行为与主体，驱逐文旅领域的"劣币"。加强粤港澳大湾区文旅市场的监管合作，能够良好地维护和协调区域市场秩序，打造世界级湾区旅游新标杆。

5. 黄山："3+4" 市场监管与执法模式

黄山市聚焦与旅游消费者和旅游经营者紧密相关的市场监管范围，联合多个重点监管执法部门，共同构成监管执法合力。黄山市实行"3+4"市场监管与执法模式，其中"3"以文旅、交通、卫生等部门为主体，"4"以公安、人力资源和社会保障、市场监管、税务部门为主。

黄山市将市内现有的旅行社 227 家、旅游星级饭店 32 家、旅游饭店 630 家、客运公司 16 家等，全部作为市场监管对象。准确创建检查对象清单库，确保更加有针对性的抽查。

除了抽查名单库以外，黄山市还针对旅游产业制定了《黄山市旅游市场部门联合随机抽查事项清单》。联合随机抽查事项清单包括了 14 类共 34 项抽查项目，主要涉及旅游经营活动、道路旅游客运企业经营许可、公共场所卫生等。监督等方面的检查，包括住宿登记、治安管理、价格管理、劳动管理、广告、餐饮服务、餐具（饮具）集中消毒服务卫生、特种设备使用、公示信息检查、企业登记事项、纳税申报以及其他事项。例如，在对旅行社业务的监督检查中，主要检查旅游经营行为、价格行为、旅游安全、广告、税收等 8 个项目。

三、旅游市场监管存在的问题与建议

（一）问题与挑战

1. 旅游市场监管主体责任不明确，存在管理盲区

旅游业是综合性产业，涵盖食、住、行、游、购、娱等多个领域，其监管涉及文旅部门、公安部门、工商部门、交通部门、税务部门、质检部门、价格主管部门、商务部门、通信主管部门、网信部门、民航部门等众多部门。2016 年 2 月，国务院发布的《国务院办公厅关于加强旅游市场综合监管的通知》明确了旅游市场综合监管的责任清单（表 3–1）。虽然目前国家已对各部门旅游市场监管职能进行了划分，但在实际监管过程中，还是存在各部门监管责任不明确的现象，各部门监管边界只是做到了侧重点上的划分，且以自身利益为监管导向的现象严重。在各部门的协作配合方面，旅游市场监管有关部门之间的协调作用发挥得不够理想，权责交叉、多头监管现象普遍，如交通运输部门、公安部门、旅游部门都有整治“黑车”的职责，因此存在责任推诿现象。一旦发生旅游纠纷，很难找到真正的责任主体，监管责任流于形式。除此之外，面对旅游行业的快速发展，管理盲区频繁出现。现有的旅游市场监管体系对于传统旅游业的监管有一定的作用，但对于会展旅游、康养旅游、低空旅游、自驾游等旅游新业态的监管就稍显被动，缺乏明确的监管部门，存在较大的管理盲区。

表 3–1　旅游市场综合监管的责任清单

部门	承担责任
公安部门	依法严厉打击在旅游景区、旅游交通站点等侵害旅游者权益的违法犯罪团伙，及时查处强迫消费、敲诈勒索等违法犯罪行为等。
工商部门	依法查处旅游市场中的虚假广告、虚假或者引人误解的宣传、销售假冒伪劣商品、利用合同格式条款侵害消费者合法权益、垄断行为（价格垄断行为除外）、商业贿赂等不正当竞争行为及其他违法违规行为等。
交通运输部门	负责道路、水路运输市场监管，依法查处违法违规行为；负责对交通运输部门在管养公路沿线范围内依法设置的景区、景点指示牌被遮挡的投诉处理等。
文化部门	负责对旅游演出、娱乐场所文化经营活动等方面的投诉处理和案件查处等。
税务部门	依法承担组织实施法律法规规定的税、费征收管理责任，力争税款应收尽收；依照法定职权和程序对从事旅游市场经营的纳税人偷逃税款、虚开发票等税收违法行为严厉查处，涉嫌犯罪的依法移送司法机关处理等。
质检部门	依法对旅游场所大型游乐设施、客运索道等特种设备实施安全监察，对涉及特种设备安全的投诉举报及违法违规行为进行调查处理等。
价格主管部门	负责旅游市场价格行为监管，严肃查处旅游行业经营者不执行政府定价和政府指导价、不按规定明码标价、欺诈宰客、低价倾销，以及达成垄断协议、滥用市场支配地位等问题。充分发挥“12358”价格举报系统的作用，依法受理游客对价格违法行为的投诉举报，切实保护消费者合法权益，整顿规范旅游市场价格秩序等。
商务部门	发挥打击侵犯知识产权和制售假冒伪劣商品工作领导小组办公室的职能作用，协调有关成员单位，针对旅游纪念品市场侵权假冒问题，加大市场监管力度，维护消费者合法权益等。
通信主管部门	依法对电信和互联网等信息通信服务实行监管，承担互联网行业管理责任；督促电信企业和旅游互联网企业落实网络与信息安全管理责任，配合开展在线旅游网络环境和信息治理，配合处理网上虚假旅游广告信息等。
网信部门	依法清理网上虚假旅游信息，查处发布各类误导、欺诈消费者等虚假旅游信息的违法违规网站和账号等。
民航部门	依法承担航空运输和通用航空市场监管责任；依法查处民用航空企业侵害航空消费者权益的行为，维护旅游者机票退改签的合法权益；配合旅游部门共同治理旅游不文明行为等。

2. 旅游市场监管应变能力不足，涉疫旅游问题频发

2020 年，新冠肺炎疫情给国际旅游业造成了巨大的冲击，因疫情导致了众多景区、酒店紧急关闭、旅行团临时取消。根据文化和旅游部旅游质量监督管理所发布的《2020 年旅游投诉分析报告》显示，2020 年我国共收到有效旅游投诉 49534 件，同比增长 47.43%，其中涉疫旅游投诉 19624 件，占比 39.62%。涉疫旅游投诉主要集中在旅行社，占比为 71.8%（图 3–1）。退订退费是涉疫旅游投诉的主要问题，占比高达 93.93%，其中旅行社退团退费投诉数量最多，占比 82.42%（图 3–2），且最难调解，调解失败率为 23%。在疫情防控常态化以后，由于正规传统旅行社受到极大的冲击，旅游市场被各种低价游、无证旅游团充斥。这些退款纠纷以及乱象的发生反映了现有旅游市场监管应变能力不足，针对新问题未能及时采取措施，使一些不法分子“有空可钻”。

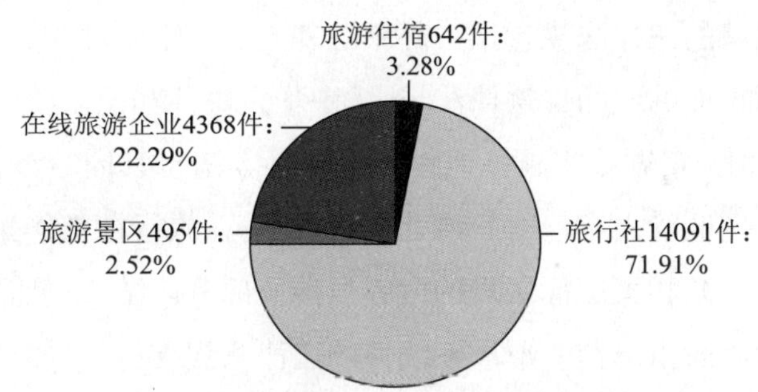

图 3–1　涉疫旅游投诉类型分布

资料来源：文化和旅游部旅游质量监督管理所。

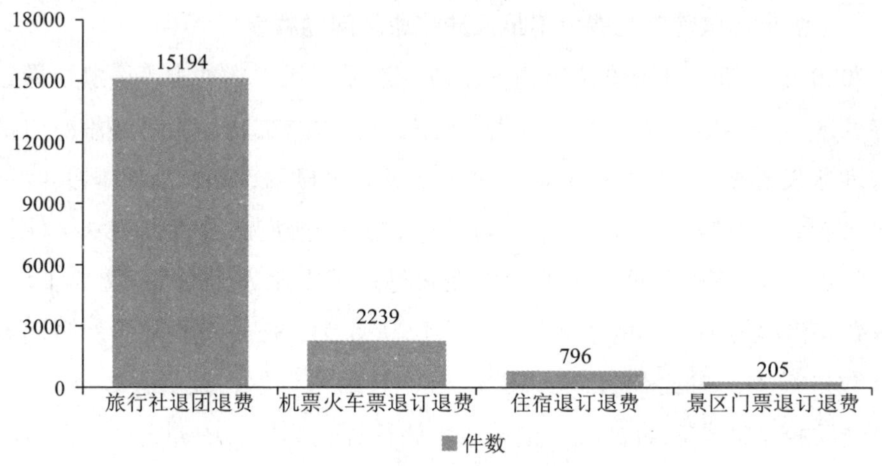

图 3-2 涉及退费的涉疫旅游投诉类型分布

资料来源：文化和旅游部旅游质量监督管理所。

3. 旅游市场监管法律法规体系不完善，企业法律意识不强

我国旅游领域的法律法规包括一部旅游基本法，十余部相关法律法规，尚无旅游市场监管方面的专门性法律法规。《中华人民共和国旅游法》（以下简称《旅游法》）于 2013 年颁布实施，但作为旅游基本法，其内容涉及旅游行业的多个方面，对市场监管内容仅有一两处简单提及。《旅行社条例》《导游人员管理条例》等其他旅游相关法律法规的内容虽涉及部分旅游市场监管内容，但内容较少，无法对旅游市场监管形成系统性的法律法规支持。同时，许多旅游企业的法律意识淡薄，对违法违规经营的危害性认识不足，违规现象时有发生。2020 年，湖北荆州关公义园花费上亿元建设的巨型关公雕像因违反《荆州历史文化名城保护规划》有关规定，破坏了古城风貌和历史文脉，被责令搬移，不仅造成了不良的社会影响，也形成了巨大的社会资源和资金的浪费。

4. 旅游市场监管手段创新不足，信用监管有待完善

近年来，相关部门不断加强对旅游市场的规范和管理，但在执行过程中多是采用传统的巡视、抽查等方式，监管手段创新不足。同时，以大数据为基础，利用新技术进行市场监管的方式尚未普及，导致违规经营、宰客等现象时有发生。2020年10月，一游客在大理双廊古镇因不买鼓遭到年轻女店主的辱骂，反映了当地旅游市场监管仍存在薄弱环节。从信用体系建设方面来看，我国虽已出台了《旅游市场黑名单管理办法（试行）》，但目前尚未形成相对完善的信用监管体系，仍存在信用监管意识不强、诚信道德制度建设不健全、奖惩机制力度不足等问题。致使我国一些旅游企业及其从业者诚信缺失、职业道德低下，价格欺诈、虚假营销、强迫购物等违法行为不断上演。例如，网络上大火的“天空之境”，通过虚假营销博人眼球，并吸引了众多景区相继模仿，造成了不良社会影响。

（二）意见与建议

1. 明确旅游市场监管主体责任，弥补监管空白

旅游业的综合性决定了旅游市场监管问题往往具有跨部门特点，因此应明确市场监管主体责任，加强主体间的信任与合作，形成完善的市场监管机制。需要从国家层面构建跨部门协调组织，明确旅游市场监管存在交叉与重复的区域，进一步划分和明确监管主体，优化监管权配置，合理调整权责，避免各职能部门间的推诿。建立监管主体间的监管互信机制，加强涉旅部门信息互通，各监管部门要着眼大局，强化沟通，建立各部门之间的联动处理机制，提高监管效率。遇到涉及多部门职责范围的旅游市场监管工作时，应当由主管部门牵头，与其他相关部门交流协商，充分征求意见建议，及时采取有效措施。对于以一些旅游新业态为代表的监管盲区，应根据其涉及行业尽快落实监管职能部门，以弥补监管空白。加强政府与旅游行业组织、旅游企业、社会公众的合作，共同承担市场监管任务。

2. 完善旅游市场监管机制，积极适应疫情发展要求

目前，疫情防控已经成为我国常态化的大背景，针对随时可能复发的疫情，应建立科学合理的应对制度，在保证生命安全的基础上，最大程度地保障游客和旅游企业的合法权益。在旅游市场监管方面，应紧跟市场动态，厘清各个阶段游客投诉的主要原因，对于投诉事件认真调查、审慎处理，改进监管思

路，完善相关市场监管机制，对于涉疫旅游投诉，及时制定由疫情引发退款退费问题的管理办法，尤其是要加强对旅行社退团退费的调解能力和市场监管力度。树立旅游市场全过程监管理念，提前制定相关预防措施、强化旅游合同管理、创新旅游市场管理监管手段、加大监管力度、注重游客反馈等，保证监管行为渗透到旅游市场的各个方面。提升对影响旅游业发展的突发事件的应对能力，根据市场变化调整监管策略、完善监管体系，时刻保持高度警觉，提升监管水平和效率。

3. 完善旅游市场监管法律法规，强化宣传引导

健全的法律体系是旅游市场监管的重要保障。在目前已有旅游相关法律法规的基础上，应不断完善市场监管相关的法律法规，出台市场监管、市场信用、服务质量等相关的法律法规，使旅游市场监管有法可依。各地区也应根据实际情况出台旅游市场监管相关的地方性法律法规，为旅游市场监管提供有效的法律支撑，确保旅游市场监管有法可依。与此同时，应通过各种渠道对旅游经营者、旅游从业人员和游客进行普法宣传，并根据不同渠道的特点采用适宜的宣传方式，确保从业者和游客知法、守法，并享受法律法规带来的权利保障。在普法宣传的过程中要加强对知法懂法重要性的宣传，引导市场主体和游客主动学习旅游市场相关的法律知识，培养其法律意识，从而使旅游企业经营更加规范，游客维权意识增强、旅游行为更加文明。

4. 创新旅游市场监管手段，加强信用监管

旅游市场监管是保证旅游市场质量的重要因素。多样化的监管手段有利于及时发现与解决问题，保证旅游市场的高质量供给，提升整体游客满意度。对此，应创新旅游市场监管手段，让技术为市场监管服务，充分利用互联网、大数据等新型技术，构建基于大数据的市场监管体系，提升旅游市场监管效率。根据旅游市场发展动态和新业态的发展，持续更新旅游市场监管手段，扩大监管领域。在旅游信用评价方面，应建立科学化、现代化的旅游信用评价标准和旅游信用评价体系，并在此基础上构建科学合理的考核机制和奖惩机制，制定完备的考核制度，明确考核周期、考核方式，针对信用等级高的旅游企业要适当奖励，如通过表彰、奖金等形式兑现，对于信用等级低的旅游企业要加强监管，提高市场抽查的比例和频率，提升市场监管的针对性和有效性，提升市场监管效能。

四、旅游市场监管热点话题

（一）大数据杀熟备受关注

大数据杀熟现象在旅游领域屡见不鲜，旅游平台企业利用技术对熟客和新客购买的同一商品推送不同的产品价格，造成的熟客权益受损现象备受社会关注。2020 年 8 月 20 日，文化和旅游部发布了《在线旅游经营服务管理暂行规定》，提出在线旅游经营者要保护旅游者个人信息等数据安全，不得滥用大数据分析等技术手段，基于旅游者消费记录、旅游偏好等设置不公平的交易条件等内容，明令禁止大数据杀熟。由于游客在遇到大数据杀熟时往往难以察觉，因此未来的旅游市场监管更应着重加强对产品价格的监管，避免在线旅游企业利用行业信息壁垒进行“大数据杀熟”，要以技术手段对抗部分企业的“技术作恶”现象，切实保障游客权益。

（二）旅游虚假宣传引发热议

随着新媒体的普及，旅游宣传渠道不断增加，宣传方式也更加多样。微博、微信、小红书、抖音等新媒体成为旅游企业宣传的重要渠道，而一些景区、酒店投机取巧，用虚假宣传照片、视频等欺骗旅游者消费，出现了很多“货不对版”“图片仅供参考”等问题，甚至形成了灰色产业链。2020 年，是各地“天空之境”集中打假的一年。从湖南郴州、四川眉山，到湖北红安，各地竞相宣传的“天空之境”，成为“照妖镜”，游客被虚假宣传所吸引，抵达现场后才发现是粗糙、简单、劣质的天空之境“仿品”。湖南郴州临武县滴水源景区的“天空之境”项目，使用了与实景不符的宣传图片和文字用语，因虚构旅游产品内容，被湖南郴州临武县市场监管局责令当事人停止发布虚假广告，并罚款 12 万元。类似的旅游虚假宣传现象还有不少，加强对旅游虚假宣传的监管，已成为旅游市场监管部门重点关注的内容之一。

（三）低价旅游重出江湖

不合理低价游是我国旅游市场的痼疾，在各地旅游部门严格的监管和治理下，不合理低价游已不断减少。但在疫情背景下，一些旅游企业和部分不具备资质的个人和企业违规推出不合理低价游产品，诱导游客消费，造成了不良的社会影响。2020 年 6 月初，山西运城开始出现“99 元买三只烧鸡送全年免费旅游四次”“88 元全年免费旅游 12 次并送 120 枚鸡蛋”等低价旅游产品，导致很多消费者落入“陷阱”，严重扰乱了市场秩序。对此，运城市文化和旅游局连续下发了《关于进一步规范旅行社经营行为的通知》《关于进一步规范旅游市场秩序的通知》，严令禁止“买烧鸡送旅游”等活动，并提醒市民和游客自觉抵制不合理低价游。不合理低价游的反复出现，已成为旅游市场监管的重点领域。旅游市场监管部门必须严厉打击以不合理低价为噱头的旅游营销，坚决抵制低价恶性竞争，避免不合理低价游再次“抬头”。

（四）涉疫旅游纠纷频繁发生

2020 年，受疫情影响，许多旅行社暂停营业，游客的旅游计划被打破，由此引发了不少旅游合同纠纷，不论是线下旅行社还是 OTA 企业，因为退团退费产生的旅游投诉数量急剧上升。旅行社由于与上游企业协调难度大和成本已发生导致难以全额退款，而游客无法接受自己没有参加旅游却要承担退团所产生的损失，导致旅游合同纠纷频出。在疫情防控常态化背景下，面临随时都可能发生的疫情，旅游业应在加强市场监管，妥善处理涉疫旅游纠纷的同时，探讨通过涉疫旅游保险等相关产品创新，进一步降低因疫情的不确定性而引发的旅游纠纷，保障旅游企业和游客各自的合法权益。

（五）智能监管成为大势所趋

智能监管是指利用大数据手段对市场进行监管，是以“互联网＋监管”为特征的现代化监管模式。智能监管通过大数据技术收集网络评论、网上舆情等，并运用大数据、图像识别等智能技术分析数据，实现各类风险的自动抓取、智能研判和快速预警。我国已经开始探索智能监管在旅游相关行业的应用。2018 年 7 月，文化和旅游部启用全国旅游监管服务平台，帮助执法部门实时掌握旅游团活动轨迹，通过合同价格监测预防“不合理低价游”，推动旅游市场监管体系的智能化变革。2020 年 11 月，文化和旅游部等十部门联合印发《关于深化“互联网＋旅游”推动旅游业高质量发展的意见》，鼓励各地区建设基于大数据的旅游市场经济运行监测体系，实时监测区域旅游消费趋势，建立数据导向的政策调整机制。未来，以新技术为核心的智能监管，将会更广泛地应用于旅游场景中。

第四章　旅游景区市场监管

李　艳[①]

一、引言

旅游服务质量是旅游业作为现代服务业的内资属性，加强旅游服务质量监管、提升旅游服务质量是目前我们国家在“十四五”期间的一个重要任务。旅游景区作为旅游及其相关活动的主要场所，其旅游服务质量直接关系到旅游业的服务质量。

文化和旅游部对旅游景区的监管，往往是通过A级景区的评定、审核和不定期抽查，这种方式在一定程度上有利于景区的建设和发展。数字时代下基于旅游大数据的在线监管成为当前旅游景区监管的新趋势，也将成为未来监管的主要手段。2020年5月，文化和旅游部明确建立“覆盖全面、方法科学、数据准确、反应及时、服务高效、信息共享”的文化和旅游统计工作体系。当前也有相关数据分析企业或机构，根据团购平台或在线旅游平台的数据实现对旅游景区的指数分析，这些分析数据往往是对旅游趋势、旅游质量、景区服务和口碑等情况的分析，在当今数字时代也是实现旅游景区监管的新方式和新手段。

本章结合传统监管和数字在线监管，从A级景区的评定、旅游景区在线监管对2020年度旅游景区的服务质量进行分析，并汇总2020年度旅游景区热点舆情，分析旅游景区在服务质量中的主要问题，为未来旅游景区的监管提供

---

① 李艳，北京第二外国语学院中国文化和旅游产业研究院副教授。

建议。

二、旅游景区监管背景

（一）旅游景区质量

为保证我国旅游景区质量的发展和提升，我国文化和旅游部、国家标准化委员会等制定了旅游景区质量等级的划分、评定程序和评分细则，以实现对A级旅游景区的监管，促进旅游景区的质量不断提升。这也是目前对于旅游景区监管的主要途径之一。

1. 旅游景区质量等级评定与划分

为促进旅游景区服务质量和环境质量的提升、保证旅游景区的经济效益和社会效益，我国旅游标准化委员会颁布了《旅游景区质量等级的划分与评定》（GB/T 17775—1999），并于2003年颁布《旅游景区质量等级的划分与评定》（GB/T 17775—2003）以替代1999年版。2005年经原国家旅游局公布《旅游景区质量等级评定管理办法》，旨在促进旅游景区发展，规范旅游景区质量等级评定。

《旅游景区质量等级的划分与评定》（GB/T 17775—2003）从旅游交通、游览、旅游安全、卫生、邮电服务、旅游导购、经营管理、资源和环境保护、旅游资源吸引力、市场吸引力、游客接待量、游客抽象调查满意度十二个方面综合评定，将旅游景区按照从高到低分为5A~1A五级景区。

2. 中国旅游景区评定管理办法

根据GB/T 17775—2003标准，原国家旅游局于2012年以旅办发［2012］166号印发《旅游景区质量等级管理办法》，明确各省、市成立了旅游景区等级评定委员会，负责本行政区划内的旅游景区质量等级评定的组织和初评工作。一般情况下，1A~3A级旅游景区的初评由市负责，并向省级旅游景区评定委员会推荐。4A级和5A级旅游景区的初评工作由省级评定委员会评定后向国家文化和旅游部推荐。4A级和5A级旅游景区的评定程序需经过资料审核、景观价值评价、现场检查、社会公示和发布公告五个步骤。被评定为4A级旅游景区三年以上方可申报5A级旅游景区。

国家文化和旅游部实施A级景区动态进出机制，定期对A级旅游景区复核检查，不达标景区摘牌和复查，以保证旅游景区监管的制度化和常态化。2015—2019年，我国有4家5A级旅游景区被摘牌，包括秦皇岛山海关、长沙橘子洲头旅游区、重庆神龙峡景区和山西晋中乔家大院，25家5A级旅游景区被警告或严重警告，82家4A级旅游景区被摘牌。A级旅游景区动态进出机制在景区卫生、交通情况、设施、安全、欺客宰客等方面进行有效监管，督促景区自身不断发现问题、解决问题和提升旅游服务品质。秦皇岛山海关景区作为第一家被摘牌的5A级旅游景区，在经过整改后于2018年重回5A级旅游景区之列。

3. 旅游景区质量等级评定与划分评分细则

根据《旅游景区质量等级的划分与评定》（GB/T 17775—2003）和《旅游景区质量等级评定管理办法》（国家旅游局2012年第23号令）制定了评分细则，从服务质量与环境质量、景观质量和旅客意见等三个方面共八大项进行评分。各等级景区达标条件如表4–1所示。通过评分细则，旅游景区、各级旅游景区评定委员会能够在景区服务质量和环境质量等方面进行有效的自检，也便于旅游景区监管部门对旅游景区有清晰明了的评定。

表4–1　各级景区评分要求

景区等级	服务质量与环境质量评分	景观质量评分	游客意见评分
5A	950分	90分	90分
4A	850分	85分	80分
3A	750分	75分	70分
2A	600分	60分	60分
1A	500分	50分	50分

（二）2020 年我国 A 级旅游景区情况

根据文化和旅游部发布的《2020 年文化和旅游发展统计公报》数据显示，截至 2020 年 12 月，我国各类文化和旅游单位共计 34.16 万个，其中 A 级旅游景区全国共有 13332 个，相比较 2019 年增加了 930 个，5A~3A 级旅游景区数量分别为 302、4030 和 6931，分别增加了 21 家、310 家和 733 家。全国 5A 级旅游景区数量分布及 2020 年新增情况如图 4–1 所示。

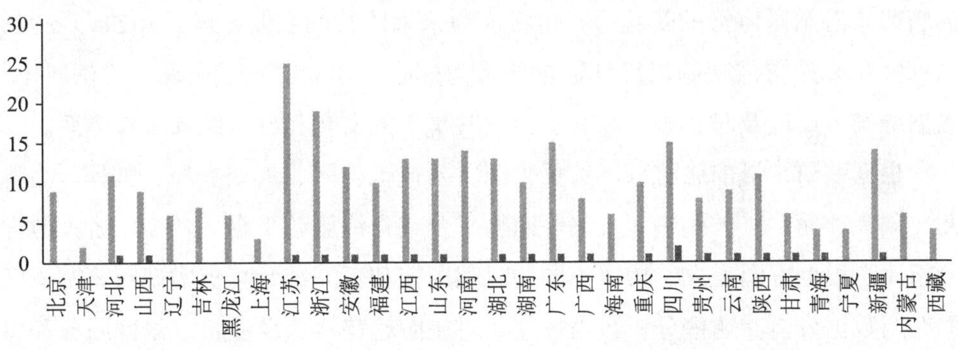

图 4–1　2020 年我国 5A 级旅游景区分布

资料来源：根据网络数据整理。

2020 年新增 5A 级旅游景区包括河北省承德市金山岭长城景区、山西省临汾市云丘山景区、江苏省宿迁市洪泽湖湿地景区、浙江省温州市刘伯温故里景区、安徽省马鞍山市长江采石矶文化生态旅游区、福建省莆田市湄洲岛妈祖文化旅游区、江西省九江市庐山西海景区、山东省临沂市萤火虫水洞・地下大峡谷旅游区、湖北省恩施州腾龙洞景区、湖南省常德市桃花源旅游区、广东省江平市开平碉楼文化旅游区、广西自治州北海市涠洲岛南湾鳄鱼山景区、重庆市黔江区濯水景区、四川省巴中市光雾山旅游景区和甘孜州稻城亚丁旅游景区、贵州省遵义市赤水丹霞旅游区、云南省文山州普者黑旅游景区、西藏自治区雅鲁藏布江大峡谷旅游景区、陕西省显示大明宫旅游景区、甘肃省临夏州炳灵寺世界文化遗产旅游区、青海省海北州阿咪东索景区、新疆维吾尔自治区克拉玛依世界魔鬼城景区。

三、旅游景区在线监管

随着互联网技术的发展和5G通信技术的广泛应用，线上海量旅游数据的生成，旅游景区监管方式也越来越多样化。利用旅游大数据进行在线监管成为当前旅游景区监管的新趋势，也将成为未来监管的主要手段。2020年5月，国家文化和旅游部明确以统计数据质量为核心、建立“覆盖全面、方法科学、数据准确、反应及时、服务高效、信息共享”的文化和旅游统计工作体系。

根据调研，目前旅游景区数据来源主要包含美团、大众点评、携程、去哪儿、同程、途牛、驴妈妈、飞猪等团购平台或在线旅游平台。各个旅游大数据分析团队根据不同需求，按照不同的时间周期和不同统计指标实现对旅游景区的在线数据分析。这些分析数据往往是对旅游趋势、旅游质量、景区服务和口碑等情况的分析，在当今数字时代也是实现旅游景区监管的新方式和新手段。

根据2020年已发布的旅游景区数字分析报告，相对具有权威或广泛接受度的旅游景区监管指标包括旅游景区欢乐指数和迈点指数。这些监管指标，按照不同的侧重点、数据分析方法和量化方法实现对景区的量化评价，其数据基本来源于社交媒体、团购平台和在线旅游平台。

（一）旅游景区欢乐指数

1. 旅游景区欢乐指数含义

中国旅游景区协会和华侨城创新研究院于2020年4月正式联合发布旅游景区欢乐指数。旅游景区欢乐指数是从游客行为数据、决策数据、交易数据、产业宏观数据等多维度，采用大数据和人工智能手段，统计分析景区的受欢迎程度和游客满意度。通过研究市场和游客的需求，分析、计量景区的受欢迎指数和游客满意度，实现对景区的评价、考核、选择、监管和行业指导。

旅游景区欢乐指数是在景观、餐饮、住宿、购物、服务、娱乐等领域对景区进行分析和评价，具体包含 11 个一级指标、57 个二级指标，通过大数据挖掘对旅游景区留言和评论进行语义分析，将评论转换成可量化的指数，从而反映出游客对景区的体验，实现对景区的监测和监管。

2. 2020 年旅游景区欢乐指数分析

2021 年 2 月，旅游景区欢乐指数监测样本已达 4000 多家景区，2021 年 4 月发布了《2020 中国旅游景区欢乐指数年度报告》，该报告根据游客和市场需求，分析 2020 年度旅游景区的受欢迎程度和游客满意度，从而分析出 2020 年旅游景区发展的动向、趋势和特征，以更好地服务游客，实现对旅游景区的有效监督和有力推进旅游景区质量。

该报告给出了 2020 年度景区欢乐指数排行榜前 100，并根据景区类型，给出自然景观类、人文景观类、博物馆类、乡村田园类、现代娱乐类等各类景区的前 20 排名等，具体数据如表 4–2 所示。表 4–2 中的欢乐指数是 2020 年度值，变化表明相对于 2019 年的欢乐指数上升或下降，变化为“–”表示 2019 年该景区尚未列入监控名单，缺失 2019 年度数据。通过旅游景区欢乐指数及其变化值可以看出在 2020 年度景区的受欢迎程度和游客满意程度上的变化，以督促景区的不断自身调整、发现问题并改进。

表 4–2　中国旅游景区欢乐指数 2020 年度排名前 100

排名	景区	欢乐指数	变化	排名	景区	欢乐指数	变化
1	上海迪士尼度假区	155.6	–20.1%	51	南京红山森林动物园	38	69.5%
2	故宫博物院	155.53	–41.9%	52	沈阳北陵公园	37.28	481.5%
3	成都大熊猫繁育研究基地	125.22	–2.4%	53	大连圣亚海洋世界	36.6	–14.1%
4	圆明园	114.2	114.8%	54	天津方特欢乐世界	34.98	91.3%
5	重庆欢乐谷	109.67	109.2%	55	深圳世界之窗	34.96	–26.7%

续表

排名	景区	欢乐指数	变化	排名	景区	欢乐指数	变化
6	北京欢乐谷	91.59	9.8%	56	石家庄动物园	34.94	477.4%
7	上海欢乐谷	90.71	42.4%	57	大连森林动物园	34.04	14.3%
8	西安秦始皇兵马俑博物馆	89.45	3.3%	58	成都国色天乡三期陆地乐园	32.8	107.0%
9	广州长隆欢乐世界	88.34	12.1%	59	大同方特欢乐世界	32.67	176.6%
10	济南趵突泉景区	88	127.8%	60	乐山峨眉山景区	32.18	–7.7%
11	郑州市动物园	87.37	214.6%	61	株洲方特欢乐世界	31.96	377.B%
12	南宁青秀山旅游区	83.12	218.0%	62	上海世界公园	31.08	26.1%
13	广州长隆水上乐园	78.89	44.5%	63	成都都江堰景区	30.8	–34.8%
14	广州白云山风景名胜区	75.66	184.6%	64	扬州瘦西湖	30.79	–39.8%
15	武汉海昌极地海洋公园	72.78	164.0%	65	广州塔	30.3	–33.1%
16	南京总统府	70.53	–25.1%	66	天津海昌极地海洋公园	30.17	–5.4%
17	成都欢乐谷	68.34	85.4%	67	杭州宋城景区	30.07	–36.0%
18	珠海长隆海洋王国	66.24	–34.9%	68	三亚蜈支洲岛旅游区	20.59	–31.1%
19	武汉欢乐谷	66.09	33.8%	69	厦门方特梦幻王国	28.93	133.5%
20	成都动物园	63.28	28.9%	70	深圳锦绣中华民俗文化村	28.75	40.4%
21	深圳欢乐谷	62.12	88.7%	71	合肥融创乐园	28.51	243.9%
22	上海海昌海洋公园	61.12	–35.6%	72	丽江玉龙雪山景区	27.91	1.2%

续表

排名	景区	欢乐指数	变化	排名	景区	欢乐指数	变化
23	上海野生动物园	60.94	–35.5%	73	郑州海洋馆	27.66	70.2%
24	昆明七彩云南欢乐世界	60.11	71.2%	74	咸阳乐华欢乐世界	27.23	155.5%
25	青岛海昌极地海洋公园	56.91	32.4%	75	张家界天门山国家森林公园	27.09	–31.8%
26	天津欢乐谷	56.25	77.9%	76	荆州方特东方神话	26.96	–38.4%
27	西安大唐芙蓉园	56.21	77.0%	77	成都黄龙溪古镇	26.81	265.3%
28	沈阳故宫博物院	54.83	43.0%	78	上海玛雅海滩水公园	26.71	46.1%
29	郑州方特欢乐世界	52.81	173.6%	79	北京海洋馆	26.05	36.2%
30	广州长隆野生动物世界	52.66	–48.7%	80	济南方特东方神画	25.85	77.9%
31	北京八大处公园	52.64	329.5%	81	抚顺皇家海洋乐园	25.78	56.8%
32	三亚南山文化旅游区	52.37	42.2%	82	西安秦岭野生动物园	25.73	–27.1%
33	颐和园	50.58	–42.1%	83	西安陕西历史博物馆	25.71	–42.4%
34	武汉黄鹤楼公园	50.35	–8.4%	84	南昌滕王阁旅游区	25.66	–5.7%
35	苏州拙政园	4841	–18.9%	85	北京古北水镇	25.43	–36.7%
36	北海银滩	48.11	130.0%	86	济南泉城欧乐堡梦幻世界	24.8B	159.4%
37	成都海昌极地海洋公园	45.76	93.2%	87	黄山风景区	24.73	–50.3%
38	北京野生动物园	45.66	8.6%	88	日照海洋公园	24.7	–30.0%
39	成都黄龙溪欢乐田园	43.66	140.1%	89	秦皇岛野生动物园	24.54	56.0%

续表

排名	景区	欢乐指数	变化	排名	景区	欢乐指数	变化
40	常州中华恐龙园	43.17	–28.0%	90	南京银杏湖乐园	24.5	3.4%
41	长沙世界之窗	42.29	178.3%	91	渭南华山风景名胜区	24.15	–20.4%
42	南宁动物园	42.28	398.7%	92	大连老虎滩海洋公园	24	–28.7%
43	南宁方特东盟神画	40.83	12.1%	93	上海动物园	23.99	–29.4%
44	上海东方明珠广播电视塔	40.55	–47.0%	94	无锡灵山小镇拈花湾	23.94	–35.3%
45	苏州华谊兄弟电影世界	40.49	–24.6%	95	泰安方特欢乐世界	23.74	11.1%
46	顺德欢乐海岸PLUS	40.07	—	96	沈阳森林动物园	23.5B	226.2%
47	济南动物园	38.96	54.0%	97	长沙石燕湖	23.53	44.7%
48	焦作云台山风景名胜区	38.9	126.1%	98	洛阳龙门石窟景区	23.35	21.9%
49	青岛海底世界	38.69	12.5%	99	三亚亚龙湾热带天堂森林公园	23.29	–35.2%
50	沈阳张氏帅府博物馆	56.91	124.4%	100	三亚天涯海角	22.87	–38.8%

数据来源:《2020 中国旅游景区欢乐指数年度报告》。

从表 4–2 可以看出，2020 年度旅游景区欢乐值最高是上海迪士尼乐园，排名前 100 的旅游景区中，主题乐园型景区占比超过一半，首先，主题乐园是疫情后景区开放后受欢迎程度和游客满意度较高的旅游目的地，其中石家庄动物园、南宁动物园、株洲方特欢乐世界、合肥融创乐园、沈阳森林动物园、长沙世界之窗、济南泉城欧乐堡梦幻世界、武汉海昌极地海洋公园等相较于 2019 年度欢乐指数，涨幅都超过了 150%。其次，自然风光类景区和博物馆类也是较受欢迎的旅游景区，其中成都黄龙溪古镇、圆明园、济南趵突泉景区、广州白云山风景名胜区、北京八大处公园、沈阳北陵公园等景区的欢乐指数也较2019年度有了较大的提升。

此外，《2020中国旅游景区欢乐指数年度报告》还给出了不同类型的旅游景区欢乐指数2020年度排名中的前20位，由此来分析不同类型的旅游景区的受欢迎程度和游客满意度情况。在自然景观类景区中南宁青秀山旅游区、广州白云山风景名胜区、焦作云台山风景名胜区排在了前3，其中这三者相对于2019年欢乐指数涨幅也是最大的（表4–3）。

在人文景观类景区中，成都大熊猫繁育研究基地、圆明园、济南趵突泉景区排在欢乐指数前3，其中相较于2019年涨幅最大的是沈阳北陵公园、石家庄动物园和南宁动物园，涨幅分别达481.5%、477.4%和398.7%。北京八大处公园的2020年度欢乐指数的涨幅也达329.5%，说明这些景区在疫情后重新开放，比较受各地游客的欢迎（表4–4）。

表4–3 中国旅游景区自然景观类欢乐指数2020年度排名前20

排名	景区	欢乐指数	变化	排名	景区	欢乐指数	变化
1	南宁青秀山旅游区	83.12	218.0%	11	三亚亚龙湾热带天堂森林公园	23.29	–35.2%
2	广州白云山风景名胜区	75.66	184.6%	12	三亚天涯海角	22.87	–38.8%
3	焦作云台山风景名胜区	38.96	126.1%	13	无锡鼋头渚景区	22.11	–47.1%
4	乐山峨眉山景区	32.18	–7.7%	14	泰安泰山风景名胜区	21.25	–24.6%
5	三亚蜈支洲岛旅游区	29.59	–31.1%	15	鞍山千山景区	20.72	95.3%
6	丽江玉龙雪山景区	27.91	1.2%	16	安顺黄果树大瀑布景区	20.50	–32.7%
7	张家界天门山国家森林公园	27.09	–31.8%	17	池州九华山风景区	20.28	3.3%

续表

排名	景区	欢乐指数	变化	排名	景区	欢乐指数	变化
8	黄山风景区	24.73	–50.3%	18	张掖七彩丹霞旅游景区	19.66	–22.8%
9	渭南华山风景名胜区	24.15	–20.4%	19	秦皇岛鸽子窝公园	17.67	–23.5%
10	长沙石燕湖	23.53	44.7%	20	杭州西溪国家湿地公园周家村	17.64	–28.4%

数据来源：《2020 中国旅游景区欢乐指数年度报告》。

表 4–4　中国旅游景区人文景观类欢乐指数 2020 年度排名前 20

排名	景区	欢乐指数	变化	排名	景区	欢乐指数	变化
1	成都大熊猫繁育研究基地	125.22	–2.4%	11	北京野生动物园	45.76	8.6%
2	圆明园	114.2	114.8%	12	南宁动物园	42.29	398.7%
3	济南趵突泉景区	88	127.8%	13	济南动物园	40.07	54.0%
4	郑州市动物园	87.37	214.6%	14	南京红山森林动物园	38	69.5%
5	成都动物园	63.28	28.9%	15	沈阳北陵公园	37.28	481.5%
6	北京八大处公园	52.66	329.5%	16	石家庄动物园	34.94	477.4%
7	颐和园	52.37	–42.1%	17	上海世纪公园	31.08	26.1%
8	武汉黄鹤楼公园	50.58	–8.4%	18	成都都江堰景区	30.8	–34.8%
9	苏州拙政园	50.36	–18.9%	19	扬州瘦西湖	30.79	–39.8%
10	北海银滩	48.41	130.0%	20	成都黄龙溪古镇	26.81	265.3%

数据来源：《2020 中国旅游景区欢乐指数年度报告》。

而博物馆类景区的排名前 20 的景区中，大部分的欢乐指数较 2019 年有所下滑，这可能是室内景区受疫情影响较大，疫情后恢复期游客往往选择自然风光类、乡村田园类等室外景区（表 4–5）。在博物馆类排在前 3 的是故宫博物院、西安秦始皇兵马俑博物馆和南京总统府，相较于2019年欢乐指数增长的也只有西安秦始皇兵马俑博物馆、沈阳故宫博物院、沈阳张氏帅府博物馆、上海自然博物馆和四川自贡恐龙博物馆，涨幅分别为3.3%、43%、124.4%、38.9%和44.6%。

乡村田园类旅游景区中欢乐指数排在前3的分别是成都黄龙溪欢乐田园、绍兴杭州湾海上花田景区和盐城荷兰花海（表4–6）。

现代娱乐类景区欢乐指数排在前3的是上海迪士尼度假区、重庆欢乐谷和北京欢乐谷，涨幅排在第一位的是郑州方特欢乐世界、武汉海昌极地海洋公园和重庆欢乐谷（表4–7）。

表4–5 中国旅游景区博物馆类欢乐指数2020年度排名前20

排名	景区	欢乐指数	变化	排名	景区	欢乐指数	变化
1	故宫博物院	155.53	–41.9%	11	青岛海军博物馆	14.2	–28.0%
2	西安秦始皇兵马俑博物馆	89.45	3.3%	12	上海杜莎夫人蜡像馆	13.64	–41.4%
3	南京总统府	70.53	–25.1%	13	广东科学中心	13.62	–28.6%
4	沈阳故宫博物院	56.21	43.0%	14	上海科技馆	13.17	–76.2%
5	沈阳张氏帅府博物馆	38.69	124.4%	15	成都金沙遗址博物馆	12.27	–43.0%
6	西安陕西历史博物馆	25.71	–42.4%	16	成都武侯祠博物馆	11.56	–3.8%
7	青岛啤酒博物馆	18.09	–36.6%	17	北京汽车博物馆	10.08	–36.7%
8	长沙湖南省博物馆	16.47	—	18	丽江古城博物院	8.36	–8.8%
9	上海自然博物馆	15.49	38.9%	19	自贡恐龙博物馆	7.14	44.6%
10	北京中国国家博物馆	15.4	–21.7%	20	西安碑林博物馆	6.94	–0.1%

数据来源:《2020中国旅游景区欢乐指数年度报告》。

表 4-6　中国旅游景区乡村田园类欢乐指数 2020 年度排名前 20

排名	景区	欢乐指数	变化	排名	景区	欢乐指数	变化
1	成都黄龙溪欢乐田园	45.66	140.1%	11	深圳光明农场大观园	3.16	78.4%
2	绍兴杭州湾海上花田景区	13.92	834.4%	12	临沂竹泉村旅游度假区	1.89	-7.0%
3	盐城荷兰花海	11.1	71.3%	13	揭阳望天湖	1.74	217.2%
4	佛山盈香生态园	7.31	-27.3%	14	咸阳袁家村	1.59	-26.0%
5	深圳光明小镇欢乐田园	6.76	619.2%	15	宁波天宫庄园	1.52	2.9%
6	秦皇岛集发农业梦想王国	6.74	65.9%	16	孝感金卉庄园	1.51	-63.0%
7	深圳西部海上田园旅游区	6.64	83.8%	17	乌鲁木齐新疆农业博览园	1.09	-10.3%
8	广州百万葵园	4	-13.7%	18	成都秀丽东方	1.08	63.9%
9	深圳观澜山水田园农庄景区	3.74	-0.5%	19	广州花都香草世界旅游度假区	0.97	24.9%
10	成都蔚然花海	3.39	12.9%	20	惠州永记生态园	0.97	-19.5%

数据来源：《2020 中国旅游景区欢乐指数年度报告》。

表 4-7　中国旅游景区现代娱乐类欢乐指数 2020 年度排名前 20

排名	景区	欢乐指数	变化	排名	景区	欢乐指数	变化
1	上海迪士尼度假区	155.6	-20.1%	11	深圳欢乐谷	62.12	88.7%
2	重庆欢乐谷	109.67	109.2%	12	上海海昌海洋公园	61.12	-35.6%
3	北京欢乐谷	91.59	9.8%	13	上海野生动物园	60.94	-35.5%
4	上海欢乐谷	90.71	42.4%	14	昆明七彩云南欢乐世界	60.11	71.2%

续表

排名	景区	欢乐指数	变化	排名	景区	欢乐指数	变化
5	广州长隆欢乐世界	88.34	12.1%	15	青岛海昌极地海洋公园	57.95	32.4%
6	广州长隆水上乐园	78.89	44.5%	16	天津欢乐谷	56.91	77.9%
7	武汉海昌极地海洋公园	72.78	164.0%	17	西安大唐芙蓉园	56.25	77.0%
8	成都欢乐谷	68.34	86.4%	18	郑州方特欢乐世界	54.83	173.6%
9	珠海长隆海洋王国	66.24	–34.9%	19	广州长隆野生动物世界	52.81	–48.7%
10	武汉欢乐谷	66.09	33.8%	20	三亚南山文化旅游区	52.64	42.2%

数据来源：《2020 中国旅游景区欢乐指数年度报告》。

（二）迈点品牌指数

迈点研究院研发“迈点品牌指数监测系统”用于提供旅游景区、酒店、文旅品牌等行业在互联网和移动互联网的影响力分析，并提供免费数据服务。基于旅游景区的迈点品牌指数，我们可以实施对景区的品牌传播、营销的互联网监管，以促进景区的影响力。

1. 迈点品牌指数含义

迈点品牌指数，简称 MBI（Meadin Brand Index），是由迈点研究院发布，用于反映一段时期内品牌在互联网和移动互联网影响力的指数。迈点品牌指数基于微博、微信、今日头条、论坛等多类平台上的数据，通过消费者和投资者的需求进行文本内容特征分析，实现旅游住宿、住房租赁、旅游景区等相关领域的品牌传播及营销管理的监测与分析，为企业及行业相关人士提供舆情监测参考。

迈点品牌指数从搜索指数、媒体指数、点评指数、运营指数四类指标反映出旅游景区在互联网上的影响力和游客对景区的喜爱程度，其中搜索指数是根据百度搜索引擎的网友搜索关键词流量，媒体指数则是根据网络媒体报道量和媒体渠道反映出景区在吸引游客和媒体的热度，点评指数则根据携程、美团、去哪儿等主流 OTA 平台上的点评情况（积累、新增）和景区对点评的维护情况，运营指数根据景区微信公众号和微博号发布的相公文章数、微博粉丝数等反映景区在运营中的投入和收获。将四类指数求和从而给出迈点品牌指数。

2. 2020 年度迈点品牌指数分析

迈点品牌指数从搜索、舆情、运营、媒体四大维度综合评价品牌运营情况，涉及旅游住宿、住房租赁、文旅景区及其他类型的品牌。文旅景区的迈点指数按照级别划分为 5A 级旅游景区、4A 级旅游景区、其他旅游景区和文旅集团指数排行，按照旅游景区类型对自然景观类、人文景观类、乡村田园类、现代娱乐类和综合吸引类等旅游景区进行指数排行。

迈点品牌指数涵盖的搜索指数、媒体指数、点评指数、运营指数从不同侧面反映出景区在互联网上的影响力和对游客、媒体的吸引力。搜索指数反映了景区在百度搜索引擎的关键词热度，媒体指数反映了媒体尤其是互联网媒体对景区的报道热度，点评指数则反映出 OTA 平台上景区获得的口碑评价以及景区对点评维护能力，运营指数则是景区自身营销投入的反映。

迈点品牌指数是按月对景区的搜索指数、媒体指数、点评指数和运营指数进行计算并综合得出当月的迈点品牌指数。为了反映景区 2020 年度情况，本文对 2020 年 12 个月的指数平均得到 2020 年度的指数排名，具体数据详见表 4–8 和表 4–9。

表 4–8　中国 5A 级旅游景区迈点品牌指数排名 2020 前 100

排名	景区	搜索指数	媒体指数	点评指数	运营指数	迈点品牌指数
1	故宫博物院	106.90	330.33	202.56	120.68	760.47
2	颐和园	111.35	213.85	193.66	47.41	566.27

续表

排名	景区	搜索指数	媒体指数	点评指数	运营指数	迈点品牌指数
3	丽江市丽江古城景区	80.30	176.73	173.74	52.34	483.12
4	拉萨布达拉宫景区	70.21	158.76	179.11	69.75	477.83
5	苏州园林（拙政园、虎丘山、留园）	56.67	141.62	179.44	67.02	444.74
6	乐山市峨眉山景区	50.22	134.77	196.18	45.38	426.54
7	晋中市平遥古城景区	39.15	77.48	186.51	64.74	367.88
8	金华市东阳横店影视城景区	32.17	51.48	197.60	85.53	366.79
9	黄山市黄山风景区	28.57	89.72	178.95	65.55	362.79
10	大同市云冈石窟	18.54	82.93	186.93	67.40	355.81
11	枣庄市台儿庄古城景区	18.04	75.33	193.22	62.95	349.53
12	安顺市黄果树大瀑布景区	52.20	35.89	207.27	52.19	347.56
13	湖州市南浔古镇景区	19.26	60.38	198.77	47.39	325.80
14	泰安市泰山景区	39.91	39.62	188.01	48.31	315.85
15	八达岭—慕田峪长城旅游区	18.54	38.77	181.88	76.03	315.22
16	贵州省贵阳市花溪青岩古镇景区	10.38	67.14	184.12	50.98	312.62
17	承德避暑山庄及周围寺庙景区	21.89	31.57	190.71	64.69	308.86
18	陕西渭南华山景区	19.81	27.20	193.56	64.19	304.76
19	山西晋城皇城相府生态文化旅游区	18.87	73.16	191.46	18.76	302.25
20	上海科技馆	15.97	58.98	159.57	65.99	300.51
21	浙江省嘉兴市西塘古镇旅游景区	17.92	43.30	187.76	49.57	298.54

续表

排名	景区	搜索指数	媒体指数	点评指数	运营指数	迈点品牌指数
22	杭州市西湖风景名胜区	20.76	43.95	172.16	59.44	296.31
23	恭王府景区	1.84	63.91	188.81	39.48	294.04
24	上海野生动物园	6.33	36.18	187.66	59.50	289.67
25	河北省承德市金山岭长城景区	8.24	48.96	189.56	37.09	283.84
26	苏州市同里古镇景区	19.36	35.42	167.25	60.73	282.76
27	南充市阆中古城旅游区	17.56	32.67	192.89	39.39	282.51
28	广东省江门市开平碉楼文化旅	16.92	49.68	187.00	24.83	278.43
29	苏州市周庄古镇景区	6.20	52.04	155.53	55.66	269.43
30	阿勒泰地区喀纳斯景区	13.63	23.18	189.74	39.32	265.87
31	江苏省无锡市惠山古镇景区	10.65	53.26	161.88	38.34	264.13
32	陕西西安大雁塔·大唐芙蓉园	18.34	24.60	187.78	29.57	260.28
33	阿坝藏族羌族自治州九寨沟旅游区	20.56	40.52	164.17	33.49	258.73
34	福建省莆田市湄洲岛妈祖文化旅游区	6.92	28.53	168.42	53.12	256.99
35	上海东方明珠广播电视塔	8.64	54.06	148.67	42.28	253.65
36	山东青岛崂山景区	4.37	48.69	162.09	38.11	253.26
37	福建省土楼（永定·南靖）旅游	1.16	65.42	180.82	3.39	250.79
38	四川省阿坝州黄龙景区	3.60	14.27	204.27	27.10	249.25

续表

排名	景区	搜索指数	媒体指数	点评指数	运营指数	迈点品牌指数
39	湖北省恩施州腾龙洞景区	3.40	69.92	105.44	70.10	248.86
40	忻州市五台山风景名胜区	16.62	27.97	170.18	33.48	248.24
41	广东省清远市连州地下河旅游	5.17	48.99	181.37	8.82	244.35
42	西安市秦始皇兵马俑博物馆	7.66	23.43	157.06	53.24	241.39
43	天坛公园	5.21	32.68	168.69	32.81	239.39
44	中国科学院西双版纳热带植物园	1.77	24.28	179.04	31.11	236.19
45	成都市青城山—都江堰旅游区	2.56	28.77	192.46	12.10	235.88
46	长白山景区	10.34	33.68	179.62	7.46	231.09
47	池州市九华山风景区	5.27	13.65	169.63	40.46	229.02
48	大理市崇圣寺三塔文化旅游区	12.56	11.01	179.12	23.40	226.08
49	广东省韶关市丹霞山景区	0.99	19.72	183.19	21.72	225.63
50	四川省甘孜州海螺沟景区	6.10	12.77	201.45	4.57	224.88
51	迪庆州香格里拉普达措景区	0.00	15.63	194.61	9.07	219.31
52	常州环球恐龙城休闲旅游区	4.80	4.63	174.89	34.13	218.44
53	安徽省黄山市皖南古村——西递宏村	7.31	0.00	192.19	18.73	218.23
54	北京市奥林匹克公园	6.37	10.17	185.16	15.92	217.62
55	焦作市云台山—神农山青天河景区	3.82	16.81	192.34	3.76	216.72

续表

排名	景区	搜索指数	媒体指数	点评指数	运营指数	迈点品牌指数
56	无锡市灵山景区	5.97	7.00	193.75	9.57	216.30
57	广州市长隆旅游度假区	0.00	8.62	199.29	5.52	213.44
58	北京市海淀区圆明园景区	0.52	41.27	162.84	7.27	211.90
59	扬州市瘦西湖风景区	11.03	30.48	133.00	37.20	211.72
60	三亚市南山文化旅游区	0.00	1.68	201.55	8.46	211.69
61	武汉黄鹤楼公园	3.38	10.53	187.05	10.13	211.10
62	合肥市三河古镇景区	1.80	9.68	195.07	4.31	210.86
63	海南省三亚市蜈支洲岛旅游区	0.01	15.53	178.64	15.67	209.86
64	河南省洛阳市栾川县老君山鸡冠洞旅游区	0.16	7.37	195.85	5.59	208.97
65	张家界武陵源—天门山旅游区	0.01	11.38	193.11	4.27	208.77
66	乐山市乐山大佛景区	3.02	14.59	175.55	15.01	208.17
67	无锡市鼋头渚景区	0.04	18.66	173.70	13.68	206.08
68	大连老虎滩海洋公园	0.39	1.97	198.66	4.88	205.90
69	台州市神仙居景区	1.21	5.40	189.75	9.31	205.67
70	江西省萍乡市武功山景区	1.31	2.14	173.17	28.86	205.47
71	中央电视台无锡影视基地三国城水浒景区	4.40	2.06	192.56	5.65	204.66
72	丽江市玉龙雪山景区	2.18	10.42	185.20	6.36	204.16
73	厦门市鼓浪屿风景名胜区	7.07	8.76	183.36	4.70	203.89

续表

排名	景区	搜索指数	媒体指数	点评指数	运营指数	迈点品牌指数
74	江西省庐山风景名胜区	0.18	8.41	174.28	20.95	203.83
75	佛山市长鹿旅游休博园	4.19	12.64	179.82	6.33	202.98
76	镇江市句容茅山景区	0.12	21.15	173.84	7.00	202.11
77	山东威海刘公岛景区	10.30	41.39	80.02	70.08	201.79
78	中卫市沙坡头旅游景区	4.14	14.21	176.01	6.93	201.29
79	宁夏银川镇北堡西部影视城	0.57	0.20	192.44	5.85	199.06
80	舟山市普陀山风景名胜区	0.00	12.81	180.51	5.73	199.05
81	海南呀诺达雨林文化旅游区	0.88	1.63	190.55	5.35	198.41
82	南平市武夷山风景名胜区	0.15	2.97	183.65	10.27	197.04
83	嘉兴市桐乡乌镇古镇旅游区	0.00	7.74	184.16	5.10	197.00
84	江苏省常州市中国春秋淹城旅游区	0.61	2.71	185.74	7.11	196.17
85	苏州市金鸡湖景区	7.29	4.25	175.40	9.08	196.01
86	江西省南昌市滕王阁旅游区	1.94	0.42	189.62	3.50	195.48
87	浙江省丽水市缙云仙都景区	0.00	6.92	180.59	7.25	194.76
88	常州市天目湖景区	0.36	5.65	182.89	5.69	194.59
89	河北省保定市白石山景区	7.47	9.24	173.68	3.68	194.07
90	广元市剑门蜀道剑门关旅游区	0.00	10.55	172.47	10.30	193.32

续表

排名	景区	搜索指数	媒体指数	点评指数	运营指数	迈点品牌指数
91	洛阳市龙门石窟景区	0.00	0.41	189.12	3.75	193.27
92	山东省临沂市萤火虫水洞·地下大峡谷旅游区	1.89	9.08	176.94	5.24	193.14
93	江苏省泰州市溱湖旅游景区	3.98	1.85	175.25	11.62	192.70
94	南宁市青秀山旅游区	0.06	14.19	170.99	7.33	192.57
95	甘肃省张掖市七彩丹霞景区	0.00	7.10	168.89	16.44	192.44
96	浙江省杭州市西溪湿地旅游区	7.53	7.80	173.31	3.05	191.69
97	西安市华清池景区	0.01	11.97	177.46	2.22	191.65
98	重庆市南川金佛山	4.36	1.54	180.78	4.89	191.57
99	江西省上饶市三清山旅游景区	0.05	12.94	155.89	22.59	191.47
100	敦煌鸣沙山月牙泉景区	0.46	7.71	175.65	7.12	190.94

数据来源：根据迈点指数 2020 年月度数据计算所得。

表 4-9　中国 4A 级旅游景区迈点品牌指数排名 2020 前 100

排名	景区	搜索指数	媒体指数	点评指数	运营指数	迈点品牌指数
1	壶口瀑布	56.29	81.80	167.06	65.56	370.71
2	陕西历史博物馆	21.38	86.11	190.70	39.08	337.28
3	北京中山公园	23.40	150.80	99.15	61.59	334.94
4	西江千户苗寨	22.38	64.06	180.36	60.50	327.31
5	黄姚古镇	14.53	61.78	174.38	70.13	320.82
6	寒山寺	22.07	57.18	181.05	58.46	318.76

续表

排名	景区	搜索指数	媒体指数	点评指数	运营指数	迈点品牌指数
7	北京欢乐谷	26.28	61.83	200.66	28.35	317.12
8	西岭雪山	29.64	57.07	153.14	72.82	312.67
9	北京动物园	26.15	64.83	170.80	49.01	310.79
10	王家大院	16.94	48.45	173.24	65.78	304.40
11	京杭大运河杭州景区	38.12	130.14	55.43	70.07	293.75
12	龙脊梯田	18.82	35.69	169.95	69.26	293.72
13	北京海洋馆	67.01	11.45	177.73	32.72	288.90
14	象山影视城	10.05	27.43	179.82	61.84	279.15
15	上海欢乐谷	19.04	28.36	200.81	28.50	276.71
16	四姑娘山风景名胜区	29.91	69.47	135.30	40.07	274.76
17	蜀南竹海	12.74	30.06	164.13	61.90	268.83
18	桃花潭畔旅游度假风景区	23.41	33.42	152.27	59.24	268.35
19	和顺古镇	7.51	35.93	159.68	64.72	267.84
20	成都海昌极地海洋公园	0.17	4.00	192.06	70.41	266.64
21	苏州木渎古镇	9.25	14.56	177.45	57.46	258.72
22	北京世界公园	11.73	21.09	178.02	47.47	258.32
23	杭州野生动物世界	3.73	18.09	189.83	46.27	257.92
24	武汉欢乐谷	17.68	33.22	194.92	8.02	253.84
25	成都大熊猫繁育研究基地	1.25	40.40	201.78	8.29	251.71
26	巴伐利亚庄园	5.99	15.64	156.93	70.09	248.65
27	兴文石海风景名胜区	51.93	10.32	159.32	26.07	247.64
28	朱家角古镇	11.75	26.31	175.92	31.02	245.00

续表

排名	景区	搜索指数	媒体指数	点评指数	运营指数	迈点品牌指数
29	荡口古镇	6.44	30.01	168.32	40.08	244.86
30	江苏项王故里景区	0.94	16.01	157.90	68.45	243.30
31	上海东方绿舟	7.25	16.16	185.76	33.96	243.13
32	上海动物园	17.55	25.23	162.45	33.51	238.74
33	窑湾古镇	5.97	8.87	161.31	61.97	238.11
34	肇兴侗寨	1.48	21.82	144.89	68.37	236.56
35	沂南县竹泉村旅游区	6.37	22.23	169.63	37.70	235.92
36	琅琊山	12.24	26.93	170.46	25.20	234.84
37	红螺寺景区	15.00	36.17	163.68	19.96	234.82
38	新安江山水画廊	2.76	8.56	156.01	66.95	234.27
39	济南野生动物世界	0.39	22.38	170.45	40.55	233.77
40	连岛	4.43	29.21	175.46	22.07	231.17
41	深圳野生动物园	5.47	13.16	185.78	26.08	230.49
42	三林大瀑布风景区	0.25	5.40	171.71	52.44	229.80
43	广汉三星堆博物馆	9.15	29.43	168.02	23.17	229.78
44	成都欢乐谷	13.07	10.53	194.39	10.88	228.87
45	天涯海角游览区	0.18	20.89	192.65	14.65	228.37
46	上海豫园	6.65	15.32	155.90	50.27	228.14
47	天津欢乐谷	10.58	4.93	195.07	17.54	228.12
48	九龙谷	2.69	3.35	151.99	70.08	228.10
49	角直古镇	10.26	15.61	170.90	30.89	227.65
50	南京博物院	20.95	42.51	109.14	54.72	227.32
51	辰山植物园	8.87	47.14	152.71	18.20	226.91
52	山塘街历史街区	13.53	24.97	170.75	17.64	226.89

续表

排名	景区	搜索指数	媒体指数	点评指数	运营指数	迈点品牌指数
53	龙门古镇	5.76	12.28	164.31	43.93	226.29
54	蒙顶山	5.65	27.98	130.20	61.74	225.57
55	亚龙湾热带天堂森林公园	9.70	8.77	194.21	12.81	225.49
56	鹳雀楼	20.56	26.78	129.00	49.01	225.35
57	北武当山	0.52	16.86	137.82	70.08	225.28
58	月坨岛景区	5.24	3.18	155.22	61.41	225.04
59	北京天文馆	10.95	13.60	160.42	39.37	224.34
60	徽杭古道	7.56	5.87	149.80	60.56	223.79
61	重庆欢乐谷	13.08	13.47	170.83	26.08	223.45
62	三亚亚龙湾	19.65	56.31	122.75	24.16	222.87
63	张家界大峡谷	1.85	16.80	174.73	29.12	222.50
64	戒台寺	4.25	38.84	152.00	26.88	221.97
65	哈尔滨极地馆	4.25	22.98	184.61	9.99	221.83
66	深圳东部华侨城	6.93	4.94	165.28	43.80	220.95
67	大连森林动物园	6.42	7.24	187.21	19.95	220.82
68	青岛海底世界	5.58	8.29	190.30	16.20	220.37
69	广东科学中心	5.29	10.74	184.78	18.68	219.49
70	南京牛首山文化旅游区	4.71	13.35	184.73	16.25	219.04
71	哈尔滨伏尔加庄园	4.50	22.21	166.28	25.54	218.53
72	长沙世界之窗	11.26	14.79	175.12	16.69	217.86
73	潭柘寺	18.01	25.18	154.79	19.53	217.51
74	洞天仙境	0.30	2.14	166.40	48.14	216.98
75	龙游石窟	7.62	16.36	163.40	26.79	214.17

续表

排名	景区	搜索指数	媒体指数	点评指数	运营指数	迈点品牌指数
76	枫泾古镇	9.39	16.76	161.05	26.85	214.05
77	北京汽车博物馆	4.10	11.24	183.92	14.24	213.49
78	康桥温泉	2.34	2.88	137.64	70.08	212.94
79	湟川三峡	2.49	19.20	156.47	34.22	212.38
80	平山湖大峡谷	0.61	28.19	156.70	26.65	212.15
81	网师园	9.13	28.77	166.98	7.00	211.88
82	大连圣亚海洋世界	4.57	7.47	193.13	6.18	211.35
83	上海杜莎夫人蜡像馆	4.13	1.30	191.91	13.94	211.28
84	金沙遗址博物馆	6.37	16.15	182.40	6.28	211.21
85	青岛啤酒博物馆	4.49	17.37	184.22	4.83	210.92
86	石燕湖生态旅游风景区	6.66	13.80	169.35	20.67	210.48
87	恩施梭布垭石林	0.35	7.93	157.09	45.08	210.46
88	杭州宋城景区	0.43	4.53	193.68	11.54	210.19
89	成都武侯祠	6.47	12.90	184.68	5.19	209.23
90	白水寨风景名胜区	4.35	16.34	185.74	2.67	209.10
91	红山森林动物园	4.08	11.38	189.93	3.56	208.95
92	台州府城文化旅游区	0.00	25.68	168.32	14.81	208.81
93	上海影视乐园	6.28	10.27	182.54	9.49	208.58
94	张壁古堡	5.87	14.81	157.25	30.54	208.47
95	岭南印象园	7.80	4.28	189.52	6.84	208.44
96	大南湾猴岛生态旅游区	4.15	12.90	173.82	16.80	207.67
97	中国科学技术馆	6.94	9.89	146.99	43.16	206.98
98	北京大兴野生动物园	4.38	2.04	196.83	3.50	206.75

续表

排名	景区	搜索指数	媒体指数	点评指数	运营指数	迈点品牌指数
99	广西通灵大峡谷景区	4.13	5.36	161.29	34.86	205.64
100	诸葛八卦村	5.94	10.34	170.10	18.63	205.01

数据来源：根据迈点指数 2020 年月度数据计算所得。

（三）其他在线监管指标

除上述两种指标可用于旅游景区监管外，旅游景区满意度和网络舆情也常用作旅游景区监测指标。

网络舆情通过对网络舆情监测，及时发现旅游景区在安全、服务等方面的重要问题，实现监管的尽早发现、尽早解决的目的。

旅游景区满意度通常是指游客期望和感知相比较的结果，通常是一种心里比较过程，表现为消费活动或经历的结果。旅游景区欢乐指数中也涵盖了满意度。对于满意度，根据不同需求往往从不同侧面进行定量分析和描述，如从食、住、行、游、娱、购六个方面描述游客对旅游景区的满意程度。广东省景区行业协会在此基础上把旅游景区满意度可以表述为游客对安全、厕所、导游、风景、服务、购物、环境、交通、住宿、设施、餐饮、娱乐和指示牌十三个分指标满意度以及对旅游景区的整体满意度。

四、热点问题

旅游景区热点问题主要根据 2020 年度网络舆情，在网络媒体短时间内达到高传播量、在一定时期内保持传播量或引起热议的旅游景区相关事件。根据多家旅游景区舆情监测机构如知微事件、蚁坊软件、艾媒舆情等，将 2020 年度旅游景区热点舆情汇总如表 4–10 所示。

表 4-10　2020 年度旅游景区造成舆论热点的安全事件

时间	事件	网络情绪	类型
2020.3.19	山西五台山景区发生森林大火	负面	安全
2020.4.5	安徽黄山景区提示游客人数达到限流量	负面	景区运营
2020.5.25	湖南临武滴水源景区“天空之境”实景与宣传反差	负面	虚假宣传
2020.7.29	文旅局回应郭京飞等坐景区雕塑	负面	不文明现象
2020.8.3	青海网红公路因拍照发生 8 起交通事故	负面	安全、不文明现象
2020.8.7	湖北宣布 A 级旅游景区对全国游客免门票开放	正面	景区运营
2020.8.11	北京发布暴雨预警，山区景区全部关闭	正面	景区运营、安全
2020.8.13	四川黄龙景区女游客无故推倒告示牌	负面	不文明现象
2020.10.1	山西太原台骀山景区发生火灾，13 人死亡	负面	安全
2020.10.4	四川都江堰景区高德导航错误致景区拥堵	负面	交通
2020.10.5	广州南沙百万葵园游客被红火蚂蚁叮咬心脏骤停	负面	安全
2020.10.5	云南大理女店员辱骂不买鼓游客	负面	强买强卖
2020.10.7	河南龙门石窟佛像被摸出“包浆”	负面	不文明现象
2020.10.7	云南昆明动物园大象误食游客投喂的塑料袋	负面	不文明现象
2020.10.11	福建长泰县马洋溪天柱山欢乐大世界游客溺亡	负面	安全
2020.11.17	浙江普陀山景区回应“天价便饭 1900 元”	负面	价格
2002.11.29	新疆女副县长为当地旅游代言	正面	宣传
2020.12.1	山东泰山 5 元矿泉水事件	负面	价格

数据来源：根据知微事件、蚁坊软件、艾媒舆情等数据整理汇总。

旅游行业舆情舆论中的热点事件往往集中在“五一”、国庆、暑期等旅游旺季，2020 年度受新冠肺炎疫情影响，旅游景区开放时间相对往年大大缩短，热点问题主要是暑期和国庆期间，涉及旅游景区安全问题、价格、服务质量、旅游不文明现象、景区运营、交通等，尤其造成景区安全问题、强买强卖、价格虚高等方面往往容易引起网络热点。这也反映出我国旅游景区在安全、价格、文明旅游等方面还需要不断提高，以提供更好的旅游服务质量。

表 4–10 中涉及安全问题的热点事件占比超过 30%。网友对安全问题通常都持负面态度，也会对景区口碑造成一定影响。安全热点问题的出现为景区的安全监管提出了更高的要求。媒体对景区安全制度化保障提供了诸多建议，各个监管机构在景区应急制度的完善、应急联动等方面给出了更为全面的机制。

近年来，网络社交媒体的曝光使得我国景区在价格问题上已经有了很大的进步，但是景区价格肆意上涨、强买强卖等事件仍不时发生，这仍然是景区监管的重点问题，也为旅游景区的健康发展提出了更高的要求。如何有效对旅游景区中的价格实施有效监管也是各个部门需要进一步解决的问题。

此外，2020 年度各景区、各级政府在应对景区网络热潮时借助舆情监测及时响应、专业解答，也为后续景区的管理和监管提供了正面教材，在提高舆情应对和处理时积极转“危”为“机”，为景区和品牌赢得了口碑。泰山景区和普陀山天价便饭热点事件中，景区在应对网络舆情时反应速度极快，重视游客和网友的想法，用事实说话，客观解释真实价格和实际情况，及时响应杜绝负面损害，疏导公众对景区商品价格贵的负面情绪、引导理性看待问题，事件快速趋于平息，是应对景区热点话题的成功案例。

五、发展趋势及建议

从 2020 年度旅游景区市场和游客关注热点问题来看，旅游景区在旅游旺季面临的压力往往成为旅游景区监管的问题核心，交通、价格、安全等问题是景区需要重点关注的问题，尤其是在小长假、黄金周等时间段的游客人数剧增对景区安全管理、服务质量等方面提出了更高的要求，游客出行方式由原来的跟团游到现在的自驾游、自助游等多元方式的转变，也为景区监管带来了新的难度和更高的要求。为此，旅游景区监管的发展提出了以下建议：

（一）监管制度常态化

旅游景区监管不应是应急性或临时性的工作，不能是只针对假日高峰的监管。旅游景区作为旅游业中一个重要的参与者和场所，对于我国旅游业的结构性改变、整体文明素质的提升具有重要的意义。旅游景区的监管应该具有长效措施，具有完善的法律法规体系和监管标准，通过齐抓共管、常态化监管才能促进景区的长足发展，促进旅游市场的全面发展，促进旅游业的体质增量。

（二）监管手段多样化

数字时代下数字技术的广泛应用和旅游大数据的生成，使旅游景区监管的数字化手段成为可能。数字时代的旅游景区监管要博采众长，既发挥传统监管手段的优势，也能充分利用大数据和智能化手段实现快速、全面的监管，挖掘数字时代下旅游大数据的活力，为监管提供更丰富多样的方式和手段。

（三）监管职责精细化

旅游景区监管的权责清晰，按照“谁主管，谁负责”的原则，明确政府、旅游景区和游客的责任，尤其是安全责任，实现精细化管控。明确政府的领导责任，按照政府主导、分级负责、属地管理的思路，政府建立旅游综合协调和管理工作。旅游景区在运营中按照精细化管控，明确责任，人尽其责，权责匹配、合理用权等，按月、季、年等对员工进行考核。

（四）监管考核体系化

旅游景区的监管涉及安全、交通、工商等多个部门的职责，旅游行为的普遍性和常态化，使得旅游景区监管成为地方政府的工作重点之一。旅游景区监管可纳为地方政府综合考评体系，综合警察、工商、安全等多部门的系统化监管，建立健全旅游综合协调、案件联合查办、投诉统一受理的综合监管机制，以更好地达到监管的目的和促进景区的良性发展。

第五章　旅游酒店市场监管

吴琼瑶　王云静[①]

一、2020 酒店业市场监管总体情况

新冠肺炎疫情的暴发对全国酒店市场造成了致命的打击。浩华管理顾问公司和中国旅游饭店业协会合作发布的《2021 中国饭店业务统计》显示，2020 年我国五星级、四星级、三星级及有限服务三个层级的酒店市场业绩跌至 2002 年有中国饭店业务统计记录以来的最低值。2019 年处于肃杀之气中的酒店行业，在经历了 2020 年的“黑天鹅”事件后，问题更加凸显。

回顾 2020 年，在酒店业市场监管上也有许多值得关注的事件：深圳彭年万丽酒店被曝用浴巾擦马桶，酒店卫生乱象又一次引起热议；福建省泉州市欣佳酒店坍塌事故，造成 29 人死亡、42 人受伤，多个监管部门相关负责人被问责处理；奉化区创新推出“食安码”实现食品安全“一码清”，以提升全市食品安全治理能力和水平；华住集团推出“安心住”服务，助力各大企业员工返工前的居家隔离；等等。

从市场监管的角度来看，酒店的食品安全、卫生安全、消防安全、建筑安全、广告宣传、价格等内容是监管的重点，也是痛点。以下将一一梳理，以反映 2020 年酒店业市场监管的总体情况。

---

① 吴琼瑶，北京第二外国语学院中瑞酒店管理学院副教授；王云静，北京第二外国语学院中瑞酒店管理学院教师。

（一）酒店食品安全及卫生

1. 酒店食品安全

俗话说，“民以食为天，食以安为先”，食品安全无小事，一粒米一桌餐，关乎人民群众的身体健康和生命安全。酒店餐饮是公共卫生体系中的重要组成部分，承担着广大消费者的就餐安全，因此酒店食品安全问题要特别引起重视。

（1）酒店食物中毒案例。

2020 年 5 月 3 日，澳博控股（880）旗下四间酒店爆员工集体食物中毒事件，共计 53 名本地员工“中招”。6 月 2 日，厦门市多人疑食用五星级康莱德酒店蛋糕后出现腹泻、高烧等症状。8 月 15 日，孙女士和同事们在渤海九路某饭店吃过晚饭后，11 人（包括三名儿童）出现上吐下泻的症状。9 月 3 日，有群众反馈中午在神木市铂金汉宫酒店就餐后，出现发热、腹泻、呕吐等症状。由此可见，酒店食物中毒事件时有发生，酒店食品安全及监管依然存在诸多问题和漏洞。

（2）监管措施。

在酒店食品安全监管方面，各地根据本地情况采取了针对性的措施，包括：

积极开展食品安全突击检查和专项检查。北京市顺义区市场监管局对全区内集中观察酒店开展食品安全大检查，包括及时了解酒店食品供应情况，对供餐单位原料采购、食品加工制作流程、从业人员管理、餐饮具消毒、食品留样等环节开展重点检查，督促酒店落实主体责任，严格按照餐饮行业疫情防控指引要求加工制作餐食，开展从业人员健康监测，保障隔离人员用餐安全。对酒店内食品加工制作过程开展重点检查，严格登记食品进货台账，落实食品留样制度，保持后厨环境整洁，做好场所、餐具、用具消毒。对不具备供餐资质的集中观察酒店集中订餐行为开展核查，严格审查供餐能力及供餐内容，排查送餐登记记录不完整等安全隐患，以确保酒店集中观察人员饮食安全。

加强食品安全知识和监管方面培训，提升从业人员安全意识。为保障酒店食品安全，提前发现食品安全隐患，为酒店宾客提供一个健康的就餐环境，郑州某区市场监督管理局在泓嘉国际酒店举办食品安全专项培训，从原料采购、索证索票、餐饮具消毒、食品留样等方面对餐饮食品安全知识进行宣传讲解；横店市场监管分局也在新开业的梦外滩酒店百老汇大厦会议室举办了餐饮食品安全知识培训会，市场监管工作人员进行了餐饮安全操作规范知识的授课，分别对场所布局、设施设备、原料管理、加工制作、清洗消毒、投诉处置、从业人员管理等有关食品安全操作知识进行了系统的培训。

加强监管创新，提升全市食品安全治理能力和水平。宁波市奉化区创新推出“食安码”实现食品安全“一码清”。奉化区深化餐饮登记数据、许可数据、巡查数据的有效挖掘、研判、利用，创新打造“奉城食安码”，在为餐饮店建档的同时，配上动态管理信息，使消费者能够一码“清”，有效促进了餐饮行业规范经营，提升餐饮单位监管服务的精准度、有效度，提高科学规范行政决策、优质公共服务供给能力。目前，全区已有3800余家餐饮经营单位贴上了“食安码”。

2. 酒店卫生

2018年以来，酒店行业先后发生了一系列卫生乱象，引起了媒体的广泛关注。从高端酒店“杯子的秘密”到经济型酒店“床单门”事件，酒店行业的卫生问题让人唏嘘不已。目前，行业内虽有床单、布草卫生等相关的规范文件，但并未能有效遏制和根治酒店乱象。

（1）酒店卫生乱象案例。

2020年11月，深圳彭年万丽酒店服务员用抹布擦牙杯、浴巾擦马桶，引发广泛关注。经查，涉事员工已接受过客房清洁标准及程序培训，却未在当日实际操作中遵照清洁标准进行客房清洁。针对万丽酒店事件，卫生监管局已对相关视频反映的情况进行核实，并依据《公共场所卫生管理条例实施细则》第36条规定对该酒店进行处罚。

（2）监管措施。

加强日常监管，对问题酒店严厉处罚。有专家建议，从日常监管角度说，旅游主管部门可以一方面有奖鼓励旅客和业内人士举报酒店卫生问题，另一方面，可以对酒店卫生状况进行不定期的突击检查，包括明查和暗访。对于确实存在卫生问题的酒店，不仅要依照《公共场所卫生管理条例》及其实施细则从严从重处罚，还应该建立酒店业卫生“黑名单”。事后监管方面，相关部门的处理不能只是“罚酒三杯”，停业整顿、吊销卫生许可证等处罚方式，不能停留在文件之中。

降星或者摘星以示惩戒。事实上，近年来频发的卫生问题引起了有关部门的重视。2019 年 2 月 22 日，全国旅游星级饭店评定委员会发布公告，对近期暗访检查中发现卫生和消防安全问题严重、服务不规范问题突出的湛江恒逸国际酒店、东莞悦莱花园酒店等 7 家饭店予以取消五星级旅游饭店资格的处理，同时对 10 家饭店予以限期整改 12 个月的处理。

利用技术创新来提升酒店卫生管理水平。杭州临安区卫生监督所已经在杭州中都青山湖畔酒店有限公司推行“移动猫眼”试点工作，即用移动摄像头全程跟踪录制酒店公共用品用具更换、清洗、消毒的过程。该试点要求每个清洁员在做客房卫生的过程要随身携带猫眼，把猫眼放在合适的位置进行实时录制。酒店管理者通过手机就能实时查看猫眼拍摄的视频，如清洁过程有不合规范的地方，卫生管理人员可以马上凭借机器编号找到相应的清洁员，指出不足之处并要求立即改正。该系统后台还有存储功能，监管部门到酒店监督检查的时候，也可以查看视频回放，检查客房公用品更换、清洗、消毒的实际情况，给出更实用、更合理的意见和建议。消费者在该酒店大堂的显示屏上也循环播出清洁人员打扫房间的情况，所有住店的客人在入住前都可以仔细观看，切实了解酒店的清洁消毒工作。

（二）酒店消防及建筑安全

1. 酒店消防安全

酒店行业是人群密集型行业，火灾隐患多。2018 年 8 月 25 日，哈尔滨市松北区太阳岛风景区的北龙温泉休闲酒店发生火灾，共造成 19 人死亡，23 人受伤。此次火灾教训十分惨痛，安全监管部门要求在全国范围内深入开展人员密集场所消防安全检查。此后两年，虽然没有重大火灾发生，但是酒店火灾事故依旧不断，火灾猛于虎，酒店消防安全应警钟长鸣。

（1）酒店安全事故案例。

2020 年 1 月 16 日，广州海珠区的新港东路新港大厦和颐酒店发生火灾，大火沿建筑外墙从 2 楼烧到 8 楼，燃烧面积约 5 平方米。3 月 6 日，山东济南市倪氏海泰大酒店发生火灾。起火楼层为酒店附楼二层，过火面积约 1500 平方米。5 月 19 日，东莞虎门镇一家酒店突发火灾，起火位置是电缆井，火灾造成 2 人受伤。8 月 3 日，成都市高新区天府三街海洋莱普敦酒店莱普敦酒店第 13 楼一杂物间发生火灾，过火面积十多平方米，燃烧物质为床单、纸料，无人员伤亡。

（2）监管措施。

加强辖区酒店行业消防安全管理。积极进行酒店消防安全的知识宣传、酒店消防安全的突击和专项检查，排除酒店火灾隐患，预防各类火灾的发生，确保辖区安全形势持续稳定。2020 年 9 月 3 日，桑植县消防救援大队深入辖区宾馆、酒店开展消防安全联合专项检查。重点查看了各单位消防安全管理制度是否落实，安全出口、疏散通道、消防车通道是否畅通，消防器材是否完好有效，电气线路是否穿管保护，消防控制室值班人员是否持证上岗等情况，并抽查了工作人员消防安全知识掌握情况。消防安全检查过后，对于消防整改需实行一票否决制。如若消防整改不充分，酒店就不能营业。

做好消防安全知识培训，加强消防安全演练和检查。酒店消防安全最大的责任主体在于酒店自身。对于酒店来说，需要做好日常的消防知识培训，提高酒店从业人员的消防安全意识。同时，通过消防安全演练，增强火灾突发时的应急处置能力、自救能力，并能够及时有效地采取应急措施，进行火灾扑救，组织人员疏散，抢救重要物资，最大限度减少各种损失。此外，酒店在日常管理过程中，也要加强消防安全检查。例如，德辰金陵大酒店每月都会进行消防安全大检查，酒店总经理及相关负责人会对酒店消防、工程设施设备运行、操作规范、巡查制度、工作人员岗位技能进行地毯式检查及询问，在检查中发现的各项安全隐患立即要求现场整改，对各岗位人员进行消防安全基础知识：对报警、灭火、疏散、逃生等技能进行提问、演练，其间总经理对理论、操作知识掌握熟练的各岗位人员进行表扬，并鼓励他们今后继续加强学习，为酒店消防安全保驾护航。

加强现代化高科技消防设备的运用。目前，VI 芯片以及智能化报警系统正成为行业未来发展的趋势，机防加人防相结合的方式正在进入深化阶段。运用现代高科技可以做到灾难来前的预警和扑救，更可以争取最为宝贵的时间。

2. 酒店建筑安全

据相关机构的盘点发现，在近 50 年来发生的多起严重的高楼坍塌事故里，酒店与公寓成为高层建筑倒塌造成重大伤亡事件的高发地。安全管理需要如履薄冰，时刻警醒，对于酒店的建筑安全更应该引起重视，而监管部门的责任也十分重大。

（1）酒店建筑坍塌事故案例。

2020 年 3 月 7 日，福建省泉州市鲤城区欣佳酒店所在建筑物发生坍塌事故，造成 29 人死亡、42 人受伤，直接经济损失 5794 万元。2020 年 8 月 29 日，山西省临汾市襄汾县陶寺乡陈庄村聚仙饭店发生坍塌事故，造成 29 人死亡、28 人受伤，直接经济损失 1164.35 万元。2020 年 11 月 23 日 14 时，位于增城区派潭镇高滩村的广州金叶子酒店有限公司二期项目中，发生一起施工边坡坍塌事故，造成 4 人死亡，直接经济损失约 844.79 万元。

（2）监管措施。

重视酒店建筑安全，严格审批，加强检查。事实上，建筑建设与改造的施工标准是清晰的，只要严格遵循标准，严格审批，依法施工，就不至于发生严重事故。酒店坍塌事故接连发生，也说明行业对酒店的安全还没有足够重视。酒店建筑的安全系数，起码两年要检查一次，特别是在装修改造期间，所有准备工作必须慎之又慎。此外，在复盘泉州酒店坍塌事故时，当地有关部门违规越权审批建设项目，住建部门未发现查处违法违规行为，消防部门干部受贿帮忙通过审核等问题一一出现。监管职责的部门层层失守，一连串的违法违规操作，最终酿成了 29 人不幸遇难的惨痛后果。

制定酒店建筑标准，让酒店建筑管理有标准可依。住房城乡建设部曾发布《旅馆建筑设计规范》，并于 2015 年 3 月 1 日开始实施，但其中关于旅馆建设安全的部分较为笼统："旅馆建筑的材料选择和构造设计，应满足使用的安全性和维护、清洁的便利性"。目前，国内酒店建设单位为了项目未来招商的多用性，多采用了商用建筑空间，真正在前期就指定为酒店专用建筑的少之又少。酒店的建筑安全尚未列入酒店业的行业规范当中，酒店建筑仍然缺乏相应的标准管理。据了解，住建部正在撰写酒店类的建设标准，也期待酒店建筑建设能早日有标准可依。

（三）酒店产品价格及广告宣传

1. 酒店产品价格

作为企业，酒店应该做到严格自律、依法经营，明码标价、规范经营，履行承诺、诚信经营。但是在实际经营过程中，仍然有不少酒店违反规定，对此也需要更全面、更到位的监管措施。

（1）酒店产品价格案例。

2020 年 4 月 28 日，海沧区市场监督管理局执法人员在检查中发现厦门泰和颐酒店管理有限公司的住房房价未按照规定的内容和方式进行明码标价，违反了《中华人民共和国价格法》《价格违法行为行政处罚规定》。执法人员当场开具责令改正通知书、行政处罚决定书，对厦门泰和颐酒店管理有限公司开出了全市首张罚单。

（2）监管措施。

加强日常专项检查，节假日突击检查。对于酒店价格上的监管，市场监管部门主要采用专项检查、特殊时期突击检查等措施。一般来讲，酒店实行市场调节价，只要明码标价就不涉嫌违法违规。但如果涨价动辄翻番甚至几倍就不甚合理。对此，建议监管部门一般会在节假日前加大监管力度，严厉打击不明码标价、坐地起价、串通涨价、虚假宣传等违法违规行为。例如，海沧区市场监督管理局就在2020年“五一”期间进行突击检查，发现火车站附近某酒店每晚加价300元，涉嫌构成价格欺诈行为。按照《价格法》《价格违法行为行政处罚规定》没收违法所得，并处违法所得5倍以下的罚款。

特殊时期最高限价或者价格限制。三亚是每年春节国内最火热的目的之一地，三亚市发改委对春节期间当地酒店进行了限价。2020年12月24日，三亚市发改委出台了《三亚市2021年春节期间旅游饭店标准客房价格调控实施方案》，对于三亚市旅游酒店分片区、星级档次制定2021年春节期间旅游饭店标准客房差别化政府最高指导价（含手续费、服务费），最高限价5900元/间。据悉，三亚市场监管、旅游、综合行政执法等部门还将强化市场价格执法，对不执行政府指导价调控管理及明码标价规定等价格违法违规行为进行严肃查处，并将违价失信行为的企业纳入信用信息共享平台，通过“信用中国”“信用海南”网站对外公示。同时，三亚市发改委相关负责人还表示，对于酒店价格违法违规行为，最高将处罚200万元。

2. 酒店广告宣传

（1）酒店虚假广告案例。

2020年7月6日，黄冈市市场监管局开展专项检查时发现，黄州区江鱼人家酒店菜单上标明的各种长江野生鱼类都是从水产店购进的人工养殖鱼类。当事人在菜单上标明“长江野生鱼类、长江鱼”等，是为了招揽生意吸引顾客，黄冈市市场监管局已依法予以处罚。2020年10月，海淀法院审理了一个关于五星级酒店虚假宣传的案件，某消费者投诉旅游公司网站上的五星豪华酒店并不是官方认证的五星级酒店，旅游公司在宣传用语上误导消费者，构成对消费者的欺诈行为。最后法院一审判决旅游公司退还本次消费金额5592元，同时支付16776元赔偿金。

（2）监管措施。

对于虚假广告问题，市场监管部门主要通过专项检查进行排查，或者消费者投诉后积极跟进的方式进行监管。此外，市场监管部门还会发布虚假违法广告典型案例，帮助广大消费者提高自我保护意识，加强对虚假广告的甄别防范。2019 年 12 月 17 日，市场监管总局公布 20 起虚假违法广告典型案例。曾引发舆论关注的“莫女神花园套房竞拍”事件上榜。湖北恩施州中祥酒店管理有限公司通过微信朋友圈发布广告，公开拍卖明星莫文蔚曾入住的花园套房，价格 8800 元 / 晚，凡参加竞价者每次加价为 500 元，最高加价者获得入住权。该广告还称，“莫女神离开恩施了，但入住的房间还在。余温尚存、余香尚在，今夜等您！”对此，恩施市市场监督管理局做出行政处罚，责令停止发布违法广告，并处罚金 20 万元。

二、2020 酒店业市场监管热点

（一）酒店服务质量监管

在酒店行业有这样一句话：质量是企业的生命。酒店和普通生产企业提供实物产品不同，给消费者带来的是看不见、摸不着但又实实在在感受得到的服务产品，且生产过程就是消费过程，没有检验环节。因此，酒店需要采用各种管理措施来提高服务质量。但是，近两年酒店行业发展迅速，服务质量却不尽如人意。酒店服务质量的监管和提升迫在眉睫。

近两年，酒店的“杯具门”“毛巾门”等卫生事件层出不穷，酒店服务质量似乎全线崩塌，基本运营质量持续下降，宾客体验总体不佳已经成为常态。前厅、客房和餐厅是酒店服务质量问题的高发部门。

（1）前厅。

酒店前厅服务质量问题主要表现在四个方面：一是服务意识、态度差。包括：服务不热情、不主动、对客人的需求不关注，回应慢，态度冷漠等，如客人办理入住时，服务员跟同事闲聊，对客人爱搭不理；对于客人提出的问题，处理不耐烦，脾气差；生硬挂掉客人的问询电话，等等。二是服务效率低，因接待服务员不足、服务员技能不熟练导致服务效率低下，如最常见的投诉就是办理入住和离店手续速度慢，客人到了没有房间或者需要长时间等候才能入住。三是僵化执行 SOP，灵活度不够。例如，前台接到电话时听到冗长的中英文酒店问候语，客人表示既听不懂也不耐烦；还有强行推荐客人扫码办理会员、盲目 upsell、反复要求客人好评、催促客人退房、生硬拒绝客人的延长退房需求等。四是服务失误。例如，开错房卡、写错房号；结账时，账面信息有误；发票信息开错、错用借记卡刷取预授权等。

（2）客房。

酒店客房服务质量问题主要表现在硬件方面：没有给承诺的客人准备欢迎水果或欢迎水果送得不及时；送欢迎茶或欢迎水果时打扰了客人休息；收取客衣或打扫卫生时打扰了客人；房间没有打扫或打扫得不干净；整理房间时，动了客人的私人物品；借用物品的需求没有得到满足或者等候时间太长；开夜床时床上床头柜各种物品的摆放不方便客人就寝；等等。

（3）餐厅。

餐厅服务质量中的自助早餐问题相对较多，主要体现在：进入餐厅，无人关注和提供服务；对于客人的需求响应不及时，如收盘不及时、咖啡和茶服务不及时；清理桌面或收盘前未取得客人同意；区别对待中国人和外国人，对外国人比对中国人更热情主动；明档区厨师见到宾客不主动问好，表情冷漠；明档区厨师对于宾客的要求置之不理或直接拒绝宾客的要求；明档区厨师服务效率低：煎蛋、煮面等操作不熟练，或者懒散而导致速度特别慢，宾客等候时间过长。

（二）酒店疫情防控期的市场监管

1. 安全及卫生清洁

2020 年伊始，在新冠肺炎疫情的背景下，重大公共卫生危机事件处理机制、客房和公共空间的定时消毒、中央空调和排风系统等问题成为疫情常态化时期酒店安全及卫生监管的重点内容。

监管措施：各地文化和旅游局制订了饭店防控工作方案，其中北京市文化和旅游局制定了新冠肺炎流行期间北京市星级饭店防控指引，目前已更新到第九版。具体内容主要从成立做好新型冠状病毒肺炎疫情防控工作领导小组、建立健全疫情防控工作责任制和管理制度，强化员工健康宣传教育等方面来落实指导。

2. 退改问题

突如其来的疫情，打乱了国人原本的出行计划，酒店退改问题接踵而至，个别酒店拒退定金或预付款等问题突出。

案例：范女士于 2020 年 1 月 22 日订的北海古厘岛酒店，两间房 3 天共计 11410 元，但因为疫情没有办法前往入住。酒店表示可以将这些费用进行顺延。范女士认为酒店在过年期间和平时的价格是有差价的，关于这个差价的问题酒店方并没有给出具体答复。随后，范女士要求酒店方给予退款。但是古厘岛酒店以二、三月份没有上班，四月份又说公司没钱为由，就这样一拖再拖，不说退，也不说不退。

监管举措：保证消费者的合法权益，要求酒店无条件全额退款。广西壮族自治区市场监管局在 2020 年 1 月 27 日下发通知：所有酒店、民宿、餐饮、影视等行业，凡市民、游客因疫情影响要求取消订房订餐服务的，一律无条件全额退款。

3. 复工复产问题

疫情发生以来，酒店遭遇重创，在后续疫情防控常态化要求下难以继续开展餐饮、宴会等原有经营业务，但面对原料过期、人工、水电等巨大企业成本压力，企业迫切需要寻找复工复产的良策。甚至一些酒店难免铤而走险，承接大型婚宴……汉中某酒店就无视疫情防控要求，不顾禁止群体聚餐的禁令，在 2020 年 4 月 5 日当天承办一场婚宴，共计 15 桌酒席。违反了汉中市疫情防控指挥部于 3 月 12 日发布的《关于进一步明确恢复行业经营活动的通知》中有关大中型餐饮单位禁止聚集性就餐的规定，执法人员依法暂扣该酒店食品经营许可证，责令停业整顿。

监管举措：寻求跨界之路，助力复工复产。为了防范企业违反疫情防控的要求，同时能够赋能企业复工复产，一些地方的监管部门积极寻求跨界之路。浙江省嘉兴市市场监管局经开分局推出服务企业开复工十项举措，其中第四条明确鼓励品牌餐饮临时开展集体用餐配送保障复工复产。嘉兴经开分局在接到企业关于复工的咨询后，主动了解企业当前的介绍和诉求，传达经开区餐饮企业复工指引文件，加强对酒店的复工指导。同时，对具备复工条件的企业，核准复工，对具备开展团餐配送服务的企业，核发《浙江省临时团餐配送备案证明》。

三、地方酒店市场监管创新

（一）市场监管模式创新

近两年，数字化技术的快速发展推动了酒店行业的变革，针对饭店监管难题，一些市场监管部门从以下几个方面进行了积极探索。

1. 智慧餐饮信息平台

聊城市是“阳光餐饮”智慧监管工程的首批试点单位，聊城市市场监管部门投资数百万元，在蒋官屯市场监管所建设了“阳光餐饮”智慧监管平台。该平台包含监管端、商户端和市民端 3 个“众食安”App。食品经营业户通过手机 App 上传采购、消毒、人员晨检等电子台账，在线落实主体责任；监管人员通过指挥大屏或者手机 App 查看经营业户的责任落实情况，并可以实时查看餐饮单位的后厨环境卫生情况，在发现问题后，在线通知经营业户进行改正。而消费者也可通过客户端查看某一饭店的后厨情况，决定自己是不是要去该店消费。

在此基础上，该平台运用 AI 人工智能、物联网及大数据分析技术，可对后厨中的厨师不戴工帽、口罩，在厨房抽烟，厨房挡鼠板没挡好等不规范行为自动抓拍，并可做到温湿度预警、证照到期预警、食材临期预警，提高餐饮单位的内部管理水平，也方便了监管人员的日常监管。

2. 旅游电子行程服务平台

为了维护消费者的合法权益，保证市场参与企业的合规合法，海南省市场监管部门建立了旅游电子行程服务平台。该平台可通过信息科技手段，实现旅游团队全要素、全过程动态监管，包括旅馆、旅行社、景区景点、旅游车辆和船舶、旅游餐饮点等相关要素，均需要具备相关条件方可申请纳入旅游电子行程服务平台。《海南省旅游电子行程服务平台管理办法》同时设置了退出机制，对平台上出现违反行业健康发展行为的企业进行惩罚，如踢出平台，整改达到平台要求后才能重新上线。

3. 信用等级评价

为加快推进文化和旅游行业信用体系建设，构建文化和旅游领域以信用为基础的新型监管机制，浙江省出台了《浙江省文化和旅游行业信用评价管理办法（试行）》。

该信用评价由文化和旅游主管部门根据“公正、客观、科学”原则，运用公共信用数据、行业信用数据和市场主体自主报送的数据，按照公开的指标、算法和程序，对市场主体信用状况进行量化，确定信用等级，并向社会公开，供公众监督和有关部门、机构及组织应用的管理手段。

信用评价结果等级分为A（优秀）、B（良好）、C（中等）、D（较差）、E（差）5类。监管部门将企业信用评价结果，作为市场抽查监管的重要参考：对于行业信用评价为A级的市场主体，抽查比例设置为原抽查比例的30%；对于行业信用评价为B级的市场主体，抽查比例设置为原抽查比例的50%；对于行业信用评价为C级的市场主体，抽查比例保持不变；对于行业信用评价为D级的市场主体，抽查比例设置为原抽查比例的1.5倍；对于行业信用评价为E级的市场主体，抽查比例设置为原抽查比例的3倍。通过抽查比例的设定，加强对低信用评级企业的日常监管，大大提升了监管效率和监管的针对性。

（二）疫情期间的监管手段创新

疫情期间，营造一个放心、安心、舒心的旅游环境，是为了让游客安心进入各消费场所，放心消费，拉动旅游消费增长。同时，激励各旅游企业加快推进员工疫苗接种工作，促进形成全民积极接种疫苗的良好社会氛围，切实构筑疫情防控免疫屏障。三亚市文化和旅游局联合市旅游行业协会联合会、市旅游酒店行业协会开展了“安心酒店”评定工作。

“安心酒店”评定主要根据各大旅游酒店工作人员新冠疫苗接种率进行评定，分为红、黄、蓝、绿四个等级，将制作不同颜色的标识牌对各企业疫苗接种率进行公示，红色表示接种率＜40%，黄色表示接种率在40%~60%，蓝色表示接种率在60%~80%，绿色表示接种率＞80%。根据酒店员工接种比例实时更新发放相应颜色的标识牌，以此督促酒店重视员工疫苗接种，为住客营造更加安全的入住环境。

第六章　旅行社市场监管

王惠静[①]

一、2020 年旅行社市场监管总体情形

新冠肺炎疫情致使春节前夕，所有的旅游活动突然停摆，寒假春节期间的境内、境外订单全部取消。戛然而止的春节旅游安排导致无数旅游合同的解除和中止，随之而来的是游客铺天盖地关于旅游团费的退款诉求。旅游业进入前所未有的寒冬，全国旅行社面临着巨大的生存压力，惨淡一直持续到半年后。7 月，在疫情好转的前提下，跨省游逐步放开。尽管出境游仍不被允许，但整个暑期以及“十一”期间平稳度过，旅游业进入缓慢恢复期。据统计，“十一”期间，全国共接待国内游客 6.37 亿人次，按可比口径同比恢复 79.0%；实现国内旅游收入 4665.6 亿元，按可比口径同比恢复 69.9%。[②] 但疫情的阴霾仍时时笼罩旅游业。随着河北等地发生零星的疫情，旅游者的出游信心显然受到不小的打击，寒假及春节前后的跟团游市场并没有达到预想的火热。

在疫情的影响下，旅游主管部门对旅行社市场监管是“两手都要抓”。一方面是帮助受疫情影响的旅游企业走出困境，重振旅游业；另一方面是继续对市场进行持续监管，将市场带回良性运转的轨道上。在这种背景下，旅行社市

---

① 王惠静，北京第二外国语学院中国文化和旅游产业研究院文化旅游政策法规研究中心副教授。

② 人民日报客户端，2020-10-08。

场的监管呈现出以下几个特点。

（一）出台政策帮扶疫情影响下的旅行社走出困境

疫情下的旅游业受到重创。没有游客，没有经营，不少旅行社顶着房租、人力以及其他支出的巨大消耗压力艰难度日。一些小旅行社更是难以为继，关门倒闭者不在少数。为了帮助旅游企业渡过难关，国家机关纷纷出台帮扶政策。如文化和旅游部于2020年2月下发通知，向符合条件的旅行社暂退80%的旅游服务质量保证金。到2月底，全国现有的3.9万家旅行社中，已有35200家提出暂退保证金，占旅行社总数的90%，应退保证金总额达到80亿元，已经退还34.62亿元。同时，为了稳定导游队伍，为旅游业的发展蓄力储能，文化和旅游部还出台《关于积极应对疫情影响保持导游队伍稳定相关工作事项的通知》，要求各地文旅部门在疫情防控期间强化保护导游的劳动权益。

财政部、税务总局等出台了《关于支持新型冠状病毒感染的肺炎疫情防控有关税收政策的公告》，将受疫情影响较大的交通运输、餐饮、住宿、旅游（指旅行社及相关服务、游览景区管理两类）四大类列为困难行业企业，将2020年度发生的亏损，最长结转年限由5年延长至8年。为旅行社带来税收政策上的支持。

与此同时，全国几乎所有的省份都发布了涉及旅游业的扶持政策，绝大部分省市更是直接发布了针对旅游业的扶持政策，如海南省发布《海南省旅游产业振兴计划（2020—2023）》《海南省旅游市场推广促销实施方案》《应对新型冠状病毒肺炎疫情支持海南旅游企业共渡难关六条措施》《海南省振兴旅游业三十条行动措施（2020—2021）》等，从财税、金融等多方面对旅游业提供全方位的支持。

（二）旅游监管调整为疫情防控常态化模式

旅游活动具有天然的流动性。而疫情的防控又需要适当限制人员流动以保证病毒不被扩散。同时，疫情发生的不确定性也使得全国疫情防控进入常态化。旅游活动只能随着疫情的发生与否进行随时调节。旅游管理部门在随时关注疫情的情况下，及时指导旅游活动变得尤为重要。例如，在武汉发生疫情之后，文化和旅游部及时发布《关于全力做好新型冠状病毒感染的肺炎疫情防控工作暂停旅游企业经营活动的紧急通知》，暂停旅行社及在线企业经营团队旅游及“机票 + 酒店”业务。2 月，《旅游景区恢复开放疫情防控措施指南》指示部分省内景区有序开放，但组团游仍不被允许。7 月，随着疫情好转，文化和旅游部及时出台《关于推进旅游企业扩大复工复业有关事项的通知》，允许旅行社及在线旅游企业经营国内跨省（区、市）团队旅游及“机票 + 酒店”业务。2020 年 11 月 30 日，文化和旅游部联合其他九部门联合下发了《关于深化“互联网 + 旅游”推动旅游业高质量发展的意见》（以下简称《意见》），《意见》公布了互联网 + 旅游的恢复发展目标，拟重塑旅游业的信心。

二、旅行社市场监管的主要内容

（一）规范旅游购物，打击团伙违法犯罪活动

就在全国疫情好转，旅游业逐渐进入恢复期时，旅游不和谐事件再次出现。2020 年 10 月 6 日，云南大理双廊一家手鼓店，女店员对不购买手鼓的游客进行辱骂的视频在网络上引起热议。该涉事店铺被执法人员查处，立即关停整改 30 天。

2020 年 10 月，上海警方开展了集中抓捕行动，抓获了戴某等长期以“上海一日游”为名进行集团化诈骗的犯罪嫌疑人近百名，其中 61 人被上海浦东检察院批准逮捕。该诈骗案涉及的被害人 2000 多人，涉案金额超过 1000 万元。北京警方也在 11 月成功端掉 4 家旅行社和 4 家购物店等非法“一日游”违法犯罪团伙，并抓捕了 6 名“网约车”车主。其中 39 人被刑事拘留，22 人被行政拘留。

旅游购物一直是监管上的顽疾，难以彻底规范。近年来，旅游购物店也从

以前的停车费、人头费、高额回扣等传统方式逐渐升级为“老乡店”“富二代店”等方式。我们通过梳理发现，不法旅游购物店大体存在以下特点。

1. 作案的团伙性

在北京市打击的团伙活动中，不法人员成群结队，长期占据故宫、天安门等旅游景点，形成揽客人员、旅行社、购物店等构成的非法“一日游”，或者违法人员通过挂靠等形式勾结旅行社，利用景点周边的非法揽客人员及黑车司机，以“零团费”甚至负团费方式吸引游客组团。在游览期间，他们再利用虚假话术，将游客带至购物店消费，通过收取回扣的形式非法获利。[①]可见，这个利益链条中，团伙彼此配合，共同作案是实现非法利益的必要条件。

2. 行为的欺诈性

无论是“老乡店”还是“富二代店”，当游客被忽悠到店铺之后，在一个相对封闭的场所，所谓的卖药师、卖茶师等开始循循善诱，或者“富二代”登场开始表演，再配合同团游客中的“钩子”（假扮游客史为购物点工作人员）进行烘托气氛或利用话术挤兑，诱骗、迫使游客购买质次价高的商品。

比较之前的旅游涉刑案件，2020 年的整治重点从强迫游客交易、旅游商业贿赂行为到打击诈骗行为。所谓“富二代店”就是以非法占有为目的，用虚构的事实或隐瞒真相的方法，骗取数额较大的财物，构成刑法中规定的诈骗罪。同时，旅游购物中的诈骗行为显然具有团伙作案的特点，有预谋、有分工，主观恶性大，涉及的数额多，社会危害性大，构成量刑上的从重情节。

（二）解决涉疫投诉，化解旅游纠纷

疫情的突然发生，使旅游业猝不及防。大量的境内、境外游订单取消，一些团队被困海外暂时无法回国，还有一些团队在旅游途中需要就地隔离。旅行社面临旅游合同解除后团款的退回问题、旅游企业之间由于合同解除导致的费用核算问题以及游客隔离期间的费用如何承担等纠纷。

---

① 《北京警方全链条打击非法一日游，拘留涉案人员 61 名》，https://baijiahao.baidu.com/s?id=1688292196795862399&wfr=spider&for=pc，最后访问日期：2021-11-09。

1. 疫情的发生构成不可抗力

不可抗力是指当事人不能预见、不能避免且不能克服的客观现象，包括某些自然灾害、政府行为以及社会易常事件。不可抗力构成免责事由。根据《民法典》第 590 条的规定，当事人因发生不可抗力不能履行合同的，可以部分或全部免除责任。新冠肺炎疫情的发生属于突发公共卫生事件，为了防控疫情的扩散，保护公众健康，政府采取了相应的限制人员流动的防疫措施。这些事件独立于当事人的行为之外，不受人的意志所支配，属于不能预见、不能避免且不能克服的情形，构成不可抗力。

审判实践上，最高人民法院也及时出台了《依法妥善审理新冠肺炎疫情民事案件若干问题的指导意见》，具体细化了如何适用不可抗力规则的事项，明确指出，对于疫情或疫情防控措施直接导致合同不能履行的，依法适用不可抗力的规定，当事人部分或全部免除责任。

2. 旅行社面临的合同解除以及退费纠纷

疫情发生后，旅游活动显然无法正常进行。2020 年 1 月 24 日，文化和旅游部发布公告：暂停旅行社各种经营活动。至此，旅行社无法进行正常的经营活动。旅行社面临疫情而导致的旅游合同的解除、团费如何退款等纠纷以及旅游企业之间由于合同的解除所带来的纠纷。

这些纠纷所涉及的合同类型大体可以分为两大类：一是旅行社与旅游者之间的旅游合同。二是旅行社与交通部门、酒店、景区等其他旅游企业之间的合同，涉及提前预付的款项退回的问题。后一种合同为商业合同，由于疫情的发生，旅行社向其他供应商预订的旅游产品无法实际使用，合同目的无法实现，为减少损失，双方可协商解除、中止或变更合同。

前者为旅行社与旅游者之间的旅游合同，由于疫情发生无法出游，双方可中止合同或变更合同，无须承担违约责任。针对疫情大量取消的旅游合同以及涉及团费退款的旅游投诉，2 月，文化和旅游部发布《妥善处理疫情旅游投诉的若干意见》，推荐了三种涉疫旅游投诉的方法：一是变更旅游合同；二是解除合同；三是调解不成的，旅游者可以向仲裁机构或法院起诉。根据《旅游法》第 67 条对因不可抗力等因素导致的合同解除做出了规定，即合同解除的，组团社应当在扣除已向地接社或履行辅助人支付且不可退还的费用后，将余款退还给旅游者。因此，旅游合同解除的同时，旅行社应核算余款，将剩余的费用退还给游客。

（三）旅行社市场监管的法律与规范性文件的修订

1.《民法典》中的“风险自甘”原则与旅行社的安全保障义务

2020 年，《中华人民共和国民法典》颁布。《民法典》被称为社会生活的百科全书，涉及经济活动的方方面面。其中，“风险自甘”原则引起旅游业界的广泛关注。其中第 1176 条规定：自愿参加具有一定风险的文体活动，因其他参加者的行为受到损害，受害人不得请求其他参加者承担侵权责任；但是，其他参加者对损害的发生有故意或重大过失的除外。“风险自甘”是一种损害发生后的抗辩事由，通常能产生减轻或免除行为人的赔偿责任的后果。

旅游具有活动的异地性和体验的新奇性，天然带有某些风险。团队活动中，旅游者参加具有一定风险性的活动也不少见。最常见的如骑马、漂流、蹦极、竞技、攀岩体育以及其他互动性的表演和工艺制作等文艺活动。根据风险自愿原则，在参加这些活动中旅游者受到损害，不能追究其他参与者的责任，只能由受害者自己来承担责任。

需要注意的是，“风险自甘”原则与旅行社的安全保障义务（《民法典》第 1198 条）并不矛盾。从责任的设定价值来看，“风险自甘”原则的目的是免除其他一同参与者的责任，使得文体活动得以正常进行，而安保义务的目的是旅行社等组织者设定了法定义务，起到保护消费者的作用；从适用范围上来看，“风险自甘”原则着眼于在文体活动中一同参加活动的其他主体，安全保障义务着眼于规范群众性活动的组织者；从适用条件上来看，“风险自甘”原则只对其他参加者的轻过失免责，在故意或重大过失的情况下仍然要承担责任，安全保障义务则要求旅行社等组织者尽到安全提示、照顾旅游者等义务，未尽到义务的就应当承担责任，不问其主观态度如何。

2. 旅游者个人信息受到法律的保护

《民法典》在人格权编中专门规定了个人信息受到法律的保护，并对个人信息的收集、存储、使用、加工、传输、提供、公开等处理个人信息的行为进行了规范。在相关的司法实践中也很快对此进行了回应。2020 年，最高人民法院对原来出台的《审理旅游纠纷案件司法解释》也进行了修订。其中在第 9 条明确指出：旅游经营者、旅游辅助者以非法收集、存储、使用、加工、传输、买卖、提供、公开等方式处理旅游者个人信息应当承担法律责任。

旅行社等旅游企业在组织旅游活动的过程中，不可避免地对旅游者的相关个人信息要进行搜集、使用。在这样一个大数据技术时代，随着线上旅游业务的快速增加，旅游者的信息以数据形式被极易保存下来，有的并不会随着旅游活动的结束而被删除。个人信息的处理直接关系到旅游者的人格尊严和隐私，旅行社作为这些信息的处理者，要严格遵守法律规定原则，遵循合法、正当、必要的原则，不得过度处理，更不得泄露甚至用来谋取利益。

三、旅行社市场监管的热点和重点

（一）不合理低价游的市场监管

1. 深入整治不合理低价游

2020 年，昆明市开展线上旅游市场、不合理低价游、涉旅购物点等十大专项行动。针对线上虚假宣传、合同违法等行为，进行检测和集中整治，关停 34 个非法假冒旅游网站、61 个无经营资质旅游网站。自 2017 年开展旅游市场整治以来，云南昆明以“零容忍”的态度，重点打击旅行社涉嫌强迫、变相强迫、诱导游客购物等行为。集中吊销、注销、撤销一批旅行社，全市旅行社数量已从 659 家降至 266 家。

四川省在全省范围内重点整治五类违法违规行为，包括：非旅行社单位以免费旅游、购物（会员）送旅游、旅游赠礼品等名义以俱乐部、康养活动等形式招徕旅游者，未经许可经营开展旅行社业务的行为；通过互联网开展招徕旅游者等违法违规行为；旅行社服务网点从事招徕、咨询以外的旅行社业务经营活动；以中老年人为主要目标群体，以组织旅游的名义诱导办理旅游会员卡、预存旅游费用、出售理财产品、售卖保健品等行为；组织“一日游”“周边游”等低价旅游团队，通过会销方式出售保健品或理财产品，或把游客带至工厂参观，诱导游客高价购买产品等行为。

广东省文化和旅游厅公布了一批近两年来查处的旅游市场典型案件。案件类型包括：旅行社未向接受委托的旅行社支付不低于接待和服务成本费用、旅行社组织“不合理低价游”诱骗旅游者购物、通过微信公众号非法经营旅行社业务、旅行社未与旅游者签订旅游合同、旅行社安排未取得导游证的人员提供导游服务、旅行社未向旅游者告知地接社的基本信息、未经许可经营旅行社业务等。

2. 当前不合理低价游的表现形式与特点

近年来，“不合理低价游”一直是行业治理的重点和难点。旅游主管部门也一直将“不合理低价游”的治理当作重中之重的工作来抓。其治理方式也从立法到执法手段，从专项整治到常态化监管，以及从单一的法律治理到信用与法律治理相结合。

实践中，“不合理低价游”这一市场顽疾在高压打击下，进入更加隐蔽的状态，其表现形式也不断花样翻新，令人难以甄别。从各地的治理实践来看，“不合理低价游”主要有以下几种形式：（1）通过消费等形式赠送旅游（实为零团费或低价团），如购买保险、酒店消费、拍婚纱照、商场消费、购买电器充值或办理会员卡等；（2）以比赛奖励、政府补贴为名的零团费、低价团；（3）通过抖音、微信等新媒体、自媒体形式宣传、招徕低价游；（4）通过网络宣传、招徕，如搜索引擎、在线平台等形式；（5）街头揽客参加低价团；（6）交押金的零团费等。

为了躲避打击，“不合理低价游”进入更加隐蔽的状态，五花八门的方式不仅使消费者难以甄别，也给执法部门带来管理上的难度。但我们还是发现其具有以下几个特点。

（1）表现形式更加隐蔽，监管更加困难。

首先是“不合理低价游”往往不再以单纯的旅游低价这种表象形式而存在，而是与其他的消费形式捆绑在一起，令人难以辨别。例如，一些旅行社与其他商家联合起来，利用消费者在其他场所消费的机会，将不合理低价游进行一番包装，假意声称是消费达一定数额免费赠送的旅游，实际上是一种拉客源的方式，让消费者误以为是自己进行消费所得的机会，贸然参加旅游活动，在旅游过程中或被强制、诱导购物或进行二次消费。

其次是打着俱乐部、康养活动、“比赛奖励”为名赠送旅游，甚至是政府补贴等幌子从事违法违规旅游活动。如河南某保险公司声称为回馈投保人员，以“表彰会”的名义组织六百多名投保人员（或亲属、朋友）等组成“零团费”旅游。江苏省常州市执法人员查获一个从事医疗器械、保健品销售等业务的养老公司，该公司组织招徕会员、顾客等参加一日游的活动。上海市查获一公司以 3199 元销售“养生养老家族”资格，并组织会员参加“安徽安庆天柱山 4 天 3 夜品质游”等。这些旅游活动往往是打着其他活动的名义进行，实质上却是“不合理低价游”的温床。还有的旅行社以奖励“中老年健身舞比赛”优胜成员为名，组织游客进行“零团费”港澳六日游，再通过导游诱导游客购买值次价高的产品来赚取利益。

最后是利用网络、微信等通信设备组织招徕。便捷的即时通信技术极大提高了“不合理低价游”的隐蔽性，它的宣传、组织、收费全部可以通过朋友圈、微信群完成，其传播交流范围相对封闭，也给监管带来很大的困扰。例如，浙江省章某某、夏某某建立了“水田公社俱乐部”，利用微信群和线下招徕了几十人，组成旅游团。

（2）中老年群体成为不合理低价游的主要消费对象。

随着老年群体逐渐成为旅游市场的重要人群，与老年游相关的消费陷阱层出不穷。南京一位老人以 98 元参加“旅游看房团”，在房屋中介的诱导下刷卡 13 万元购买了一处房产，当意识到冲动消费后想退房，却被要求缴纳 4.8

万元的违约金。无独有偶，长沙一位老人参加了500元包餐饮食宿和交通的4日威海乳山看房团，在工作人员游说下支付2.3万元定金，订下一套总价70多万元的房子。后家人发现该房在当地的实际价格只有一半的价格。

以“低价”“免费”旅游为噱头的各类保健品、理财产品销售是近几年非常典型的老年游消费陷阱。例如，以免费旅游为“幌子”，在旅游过程中诱导游客参加企业组织的产品会销售产品，这些产品小到日用品、保健品、皮草服装、家具等，大到房产。如果游客不在旅游过程中购买产品，旅行社还会要求游客补齐旅游过程中的所有费用。

（3）直播带货、网红售卖等通过短视频、抖音等新媒体形式成为未经许可经营旅行社业务的主要宣传阵地，也成为年轻人参加不合理低价游的新驱动力。

某短视频平台主播“高火火”在直播间推销一款价格为299元的旅游卡，声称此价格包含“6天5晚云南双人游”，而且是高端纯玩团，全程无购物，豪车接送，并上100万元保险。有网友购买了该卡并参加了旅游，却在旅游中发现完全不是直播间宣传的那样，实际上这是纯购物团，并且从早到晚被要求购物。后被消费者举报。可以看出，这样的直播售卖，实际上成了“不合理低价游”的又一销售渠道。

当前，短视频、抖音等新媒体形式等颇受年轻人的追捧，但同时，一些不法人员利用直播带货、网红售卖等形式销售假冒伪劣产品也引起政府主管部门的注意。通过调研我们发现，目前大多网红售卖或直播带货经营旅游产品是不合法行为。这些经营者要么并不具备经营资质，要么干脆假冒某旅行社的产品，制作一套假合同、假公章来欺骗消费者。同时，它们通过虚假宣传或夸大宣传，引诱消费者上当。如前文所述“高火火售卖旅游卡”案中，高火火显然对该卡所包含的旅游项目进行了虚假宣传，欺骗误导了消费者购买该旅游产品。其行为不仅违法了《广告法》第38条的规定，也违反了《在线经营旅游服务暂行规定》的规定，应当承担相应的行政责任以及民事责任。短视频作为平台管理者也应承担相应的法律责任。

（二）未经许可经营旅行社业务的监管

前文中所述的“旅游看房团”“会员旅游团”“购物赠送旅游团”以及通过微信抖音小视频等招徕游客的经营者，大多为未经许可经营旅行社业务。这些行为给旅游秩序和消费者均带来现实的和潜在的危害，具体表现如下。

1. 抢占客源，扰乱旅游市场秩序

根据《中华人民共和国旅游法》及《旅行社条例》的规定，我国旅行社经营采取许可经营，必须由国家主管机关颁发许可经营资格证才有经营资质。目前市场上存在的不具备旅游经营许可证的主体一般分为两种两类，一类是从事旅行社业务但没有经营许可证的，另一类是平时从事保险、销售等其他业务，通过组织旅游活动来促进其业务增长的。前者俗称黑社，它们往往雇用“黑导”“黑车”，不仅违反了法律的规定，而且在市场上以低价倾销的方式跟具有资质的旅行社抢占客源，扰乱了旅游市场的正常秩序。同时，“黑社”“黑车”“黑导”为了获利，强迫、胁迫游客进行消费的案例比比皆是，给旅游市场带来许多负面的影响，也一直是旅游主管部门打击的重点。后者是不具备旅游资质的经营者，它们打着赠送旅游的幌子，诱导、胁迫消费者进行消费成为其主要目的。这两种行为都扰乱了旅游市场的秩序。

2. 发生意外，无法保障旅游者的权益

一些未取得旅游资质的自驾游俱乐部、户外俱乐部以及一些微信公众号等自行组织线路，招徕团友，不少游客通过微信报名参团出游，引发的旅游纠纷不在少数。宁夏市民徐某通过微信群参加了九寨沟双卧 6 日游，途中不幸发生交通事故，导致车上多人受伤。索赔时却发现此次出游组织者不仅不具备旅行社资质，也没有为游客办理旅游意外险。[①] 几年前，张某通过微信参加李某组织的“吐鲁番旅游”，在参观酒窖时从台阶跌下，尾骨骨折。张某起诉组织者

① 《银川市民微信报团旅游，半路出车祸多人受伤却无人担责！相关部门正在调查》，https://m.thepaper.cn/baijiahao_8822321，最后访问时间：2020-11-01。

李某，要求他为自己的损害承担责任。[①]

根据《旅游法》及《旅行社条例》的规定，经营旅游业务的旅行社应缴纳旅行社质量保证金，并为游客购买旅游意外保险。在旅游过程中产生的服务质量问题以及游客意外伤害，大多可以通过保险以及保证金的方式来解决。无旅行社资质的组织者没有抗风险能力，也不具备应急处置能力，很难对参团者的安全负责。一旦发生意外伤害事件，旅游者的合法权益难以得到保障。

但并不意味着组织者由于没有旅行社资质就不承担任何责任。根据《民法典》第 1198 条的规定：群众性活动的组织者，未尽到安全保障义务，造成他人损害的，应当承担侵权责任。因此，这种无旅行社资质的组织者仍然负有对参团者的安全保障义务。

3. 与“不合理低价游”相伴相生

不具备旅游资质经营旅行社业务的经营者要么是条件达不到资质许可的要求，要么是抱着一种“得过且过”短期生存的态度，而往往后者居多。在这种心理下，他们完全没有做大做强的打算，也没有提高服务质量创立品牌效应的目的，而是在利益的驱动下谋求短期营利。为了生存，它们往往采取“零团费”“负团费”或低价团来吸引、招徕客源，而为了获利也常常采用威胁、辱骂、诱导游客购物或二次消费等方式牟利，甚至进行暴力相逼，强迫交易等触犯刑律的行为。这些行为严重扰乱了旅游市场，侵害了旅游者的合法权益。

目前市场存在的未经许可经营旅行社业务的违法违规行为大体有以下几种形式：

（1）假冒或伪造经营资质。

不具备旅游资质的经营者，往往通过采取伪造其他旅行社的印章或伪造旅行社经营许可欺骗消费者和执法人员。深圳市博纳方舟教育科技有限公司伪造了旅行社经营许可证，在“拼多多”平台上开设网店，销售“昆明＋西双版纳 6 日 5 晚游”，被罗湖区监管部门查获。涉事当事人因涉嫌伪造国家机关证

① 《微信圈召集旅游，参加者出意外谁担责？》，https://page.om.qq.com/page/Oj-ghUNyaOH0c37SAWN2UT4g0，最后访问时间：2020-11-01。

件，被公安机关刑事拘留。[①] 通过假冒或伪造的资质开展旅游活动，脱离正常的监管渠道，“不合理低价游”是其重要的获利渠道。

（2）通过保险、俱乐部、会员、商品营销等方式组织旅游。

这些组织者并不具备旅游资质，而是保险、销售等其他领域的经营者，它们往往打着赠送旅游的幌子，其主要目的是诱导、胁迫、哄骗旅游者进行购买商品。

（3）通过微信群、公众号、直播带货等形式宣传、组织旅游活动。

有些经营主体往往不是旅行社，线下也没有经营场所，仅仅是利用便利的通信手段，利用低价或夸大的宣传吸引消费者，短暂地将旅游者组织起来。前述的“高火火销售旅游卡”案就是利用低价的噱头进行虚假宣传从而获利。

（4）不具备经营资格的网络经营者通过平台进行宣传、招徕、组织等。

根据《在线旅游经营服务管理暂行规定》第 11 条的规定：平台经营者应当对平台内经营者的身份、地址、联系方式、行政许可、质量标准等级、信用等级等信息进行真实性核验、登记，建立登记档案，并定期核验更新。不具备经营资格却可以在平台开展活动的经营者大多是由于平台不履行或怠于履行审核义务所致，因此在责任承担上分别对平台以及经营者进行相应的处罚。

四、旅行社市场监管的探索与创新

现代旅游服务业的内在属性是服务质量，它既是企业的核心竞争力，也是衡量旅游行业发展水平的重要指标。而旅游服务质量的提高，是多种内力外力共同结合，彼此合力的结果。

---

① 《文旅部严查不合理低价游等，责令525建旅行社自查整改》，载https://baijiahao.baidu.com/s?id=1702160507889402095&wfr=spider&for=pc。最后访问时间：2021-08-09。

（一）重视旅游立法的体系性问题

旅游规范性法律文件是旅行社市场监管的主要依据。目前，我国已经初步形成以《旅游法》（2013 年）为核心，以《旅行社条例》（2020 年修订）、《导游人员管理条例》（2017 年修订）和《中国公民出国旅游管理办法》（2002 年）三部行政法规为主体，以《在线旅游经营服务管理暂行规定》（2020）、《旅行社条例实施细则》（2016 年修订）、《导游人员管理办法》（2018 年修订）、《旅游行政处罚办法》等十几个部门规章和各省、自治区、直辖市人大制定的《旅游条例》等地方性法规为主要内容的旅游法律体系。另外，最高人民法院《关于审理旅游纠纷适用法律若干问题的规定》的司法解释以及《民法典》《消费者权益保护法》《电子商务法》等其他法律规范中涉及旅游法律关系的部分也成为旅游法律体系的一部分。无疑，这些法律性文件在对旅行社市场监管中起到了积极的作用。

然而，今天我们在审视这些旅游规范性法律文件时，发现其体系性表现不足。例如，2013 年出台的《旅游法》，在很大程度上整合了《旅行社条例》等法规和规章中一些规定，并结合时代需要增加了一些内容。而反过来《旅游法》的出台，又导致原来的法规及规章的不合时宜，但这些规章和法规并没有得到及时修订，而《旅游法》的相关解释也未及时跟进（例如，35 条的适用问题），导致法规与法律之间长时间存在冲突，给旅游法律关系各相关主体适用法律带来一定的困扰，也给执法人员造成很大的困难。再如，导游人员的自由执业问题。从《旅游法》以及《导游人员管理条例》的规定来看，导游人员必须接受旅行社委派，不得私自承揽导游和领队业务。但 2016 年导游人员自由执业的改革政策早已突破了这一规定。这就造成政策与法律上的不一致性，破坏了法律的权威性。

立法的体系性一方面强调一部法律的内部的逻辑性和体系性，指的是该法律内部的规范之间如何能够有其自身内在的逻辑，使规范与规范之间能够紧密地配合、科学地分工，至少不能因互相矛盾而丧失其应有的作用。另一方面还应当考虑这一部法律制定出来后，它对其他法律的辐射作用以及法与法的衔接性问题。同时还要考虑到政策与法的关系。这是“十四五”期间我国旅游立法要考虑的重要问题。

（二）加快构建以信用为基础的新型监管机制

2015 年，国家旅游局制定出台《旅游经营服务不良信息管理办法（试行）》。当年就公布了 17 家旅行社和导游在内的首批全国旅游经营服务不良信息名单。2018 年，文化和旅游部印发了《旅游市场黑名单管理办法（试行）》，明确了黑名单的适用范围、分级管理和联合惩戒等相关事项，并建立了一套管理流程。随后，《关于对文化市场领域严重违法失信市场主体及有关人员开展联合惩戒的合作备忘录》出台，初步形成了“黑名单 + 备忘录”的旅游信用监管模式。至此，我国旅游信用监管进入体系化建设中。

有学者指出，一个完整的行业信用体系由诚信文化体系、合规管理体系以及经济交易体系所构成的综合信用管理机制。一个完善的合理的行业信用体系，是能够让行业内诚信的主体依靠这种信用资本配置获得更多的资源，从而保证行业的良性循环。[①]“不合理低价游”、强制购物、“黑社”“黑导”等旅游乱象对旅游业造成的最终结果就是“良币驱除劣币”，导致诚信守法经营的旅行社获利的空间一再被压榨，最终无法在市场生存。我国旅游信用体系的不断完善，必将对市场整个信用机制的重塑起到重要作用。

然而，我们也应当看到，目前的旅游信用体系仍然是一种“自循环”模式，其作用和威慑力仅体现在旅游产业领域内部，与社会其他领域的信用体系的联结通道尚未打通。要想最终实现“让行业内诚信的主体依靠信用资本配置到更多的资源”，使旅行社诚信经营与经济交易之间真正形成正向循环，也离不开整个社会诚信体系这个大系统的规范化构建。

---

① 吴晶妹 . 加快构建以信用为基础的旅游市场监管机制［N］. 中国旅游报，2021-05-27（3）。

（三）继续推进导游人员体制改革

提高旅游服务质量，导游是关键所在。近年来，旅游管理部门也在不断探索导游人员体制改革。一方面，通过“金牌导游培养”项目，认可、鼓励推动导游服务质量的“排头兵”；另一方面，不断探索优化导游管理的改革机制。“导游＋网约车”是这几年比较受业界关注的模式。早在2016年，携程、途牛等OTA平台开始上线私人向导平台，消费者可以向网约车一样网约导游。一些导游也根据这一利好，也试图在网约导游平台加入自己独创的元素，如自带车辆技能、提供自选菜单式的餐饮服务。专做境外中文专车服务平台的易途8和携程联手，开展了拼车旅行业务，将“共享经济”带入境外“车＋导”服务中。在国内业务中，有资格从事旅游网约车业务的企业寥寥无几，携程、“900游”等旅游网约车平台纷纷上线，其中久柏旗下的“900游”旅游网约车平台上挂单的拥有导游与司机双证和合规车辆的有4.8万多人。不过这远远满足不了庞大的市场需求。

导游＋网约车的模式得以顺利实施取决于两个因素。一个是人，即导游自由执业。2016年，原国家旅游局下发《关于导游自由执业试点工作的通知》，宣布在某些地区进行线上线下导游自由执业的试点工作。导游人员的执业突破了必须“接受旅行社指派”的限制。另一个是车。为了保障旅游安全，旅游管理部门在规范用车上下了不少功夫，最终将合法的7座以下的旅游运营车界定在巡游出租车和网约车两类，而私家车、向租赁公司租赁的小型车等均被排除在外。换言之，导游＋网约车旅游中的司导合一，必须具有双重身份，即他既是一个网约车的司机，同时又是一个导游，他开的车必须是安装过GPS、购买过商业运营保险的合规的网约车。正因为这样，不少人认为司导合一还有利于监管部门对旅游过程进行事中监管，在一定程度上解决导游变更行程、增加购物点甚至诱导强制购物的问题。

我们认为，未来导游＋网约车的模式必须解决的问题包括以下几个：一是进一步放开导游自由执业。在2016年的导游自由执业试点工作中，管理机关还在强调网约车导游要受旅行社指派，实践中这一限制早被突破，但网约车导游个人接活尚无正式的法律规范或政策为其正名。这次改革应彻底解放“人”，才能真正调动起导游的积极性。二是进一步理顺对人和车的监管。网约车的基本定位就是综合交通运输体系的组成部分，是城市公共交通的补充。旅游网约车大量进入市场，势必涉及运营网约车的常态化跨行政区划方面的管理，这同时又涉及交通管理部门和旅游管理部门监管工作的理顺。三是解决好导游+网约车成本高和低价竞争之间的矛盾。目前，具有旅游营运资质的小型车数量少、价格高，传统车企网约车管理成本和车费高于新兴网约车平台。同时，旅行社为了缓解疫情下的生存压力，疯狂竞争拿单，很多是唯成本最低论的拥趸者。共享经济的最大优势是降低运营成本。我们认为，引入共享旅游网约车在一定程度上能降低整个出行成本，对解决此类问题具有不可替代的作用。

第七章　在线旅游市场监管

李　颖　高　菲　郭昱锟　张舒惠　曹嘉祺[①]

一、在线旅游市场发展态势及口碑

（一）发展态势

1999年被誉为中国的在线旅游发展元年，自1999年以来的几十年中，我国建立了众多在线旅游公司，在线旅游相关的企业和平台发展迅速，这无疑使得我国的在线旅游市场得到逐步的繁荣与壮大。通过《中国在线旅游市场年度综合分析2021》我们发现，在新冠肺炎疫情发生之前，自2015年至2019年，我国在线旅游市场交易规模持续增长（见图7–1），我国在线旅游用户数量在2018年达到3.92亿人，直至2019年在线旅游用户的数量增长为4.13亿人，同比增长5.35%，2019年我国在线旅游市场规模突破10000亿元，达到10059亿元。然而，受到新冠肺炎疫情的影响，2020年我国在线旅游市场规模跌至5648.8亿元，较2019年同比下降近5成。随着国内疫情控制状况的好转，2020年下半年起，在线旅游市场开始有序复苏，第三季度在线旅游市场交易规模环比增长100.3%，市场回暖态势明显。

① 李颖，北京第二外国语学院中国文化和旅游产业研究院讲师；高菲，北京第二外国语学院旅游科学学院研究生；郭昱锟，北京第二外国语学院旅游科学学院研究生；张舒惠，北京第二外国语学院旅游科学学院研究生；曹嘉祺，北京第二外国语学院旅游科学学院研究生。

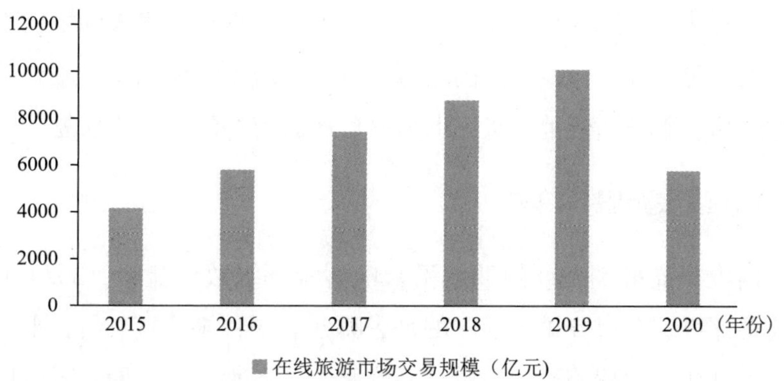

图 7–1　2015—2020 年在线旅游市场交易规模

数据来源：网经社。

疫情发生后，在相关管控措施的影响下，用户对在线旅游的关注度提升，旅游直播、云旅游等新型旅游营销模式迅速发展。长远来看，我国旅游市场仍然具有大量的市场发展机遇，在先进技术和成熟运营平台的助力下，我国后疫情时代旅游市场的发展仍具备较大潜力。交易规模指数如图 7–2 所示。

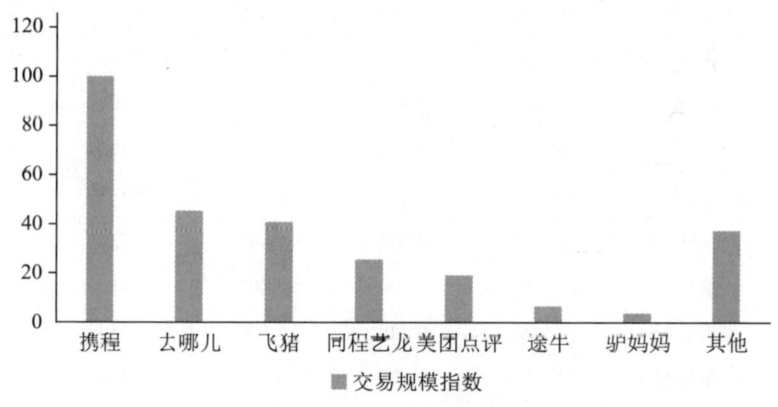

图 7–2　交易规模指数

数据来源：易观分析。

2020 年，在线旅游服务平台呈现差异化发展，携程、去哪儿、飞猪位列第一梯队，同程艺龙、美团点评、途牛、驴妈妈位列第二梯队，另有其他平台位列第三梯队。在线旅游平台在疫情发生以来，表现出强大的抗风险能力和韧性，各大旅游服务平台专注国内旅游市场，顺应疫情期间用户旅游需求的变化，通过产品、服务、营销升级，助力疫后旅游市场的发展与恢复。

（二）在线旅游服务口碑

据国内电子商务消费纠纷调解平台电诉宝评级数据显示，2020 年全国在线旅游消费评级综合得分排名前三的是去哪儿、同程旅行、飞猪，平台反馈率较高的是去哪儿、同程旅行、飞猪、马蜂窝、走着瞧旅行，回复时效性较高的是去哪儿、同程旅行、飞猪、马蜂窝，用户满意度较高的是旅划算、携程、同程旅行（表 7–1）。评级数据显示，去哪儿、同程旅行、飞猪位列建议下单行列，旅划算、马蜂窝、联联周边游、走着瞧旅行、携程等建议谨慎下单，而对发现旅行、小猪短租、世界邦旅行网等则不建议下单。

表 7–1　2020 年全国在线旅游消费评级榜

排名	平台名称	平台反馈率	回复时效性	用户满意度	综合指数	评级
1	去哪儿	100.00%	0.873	3.818	0.853	建议下单
2	同程旅行	100.00%	0.487	6.000	0.776	建议下单
3	飞猪	100.00%	0.469	5.000	0.751	建议下单
4	旅划算	96.08%	0.094	10.000	0.709	谨慎下单
5	马蜂窝	100.00%	0.471	2.000	0.701	谨慎下单
6	联联周边游	82.03%	0.095	5.000	0.553	谨慎下单
7	走着瞧旅行	100.00%	0.067	0.000	0.520	谨慎下单
8	携程	40.00%	0.400	8.000	0.480	谨慎下单
9	发现旅行	42.86%	0.000	0.000	0.214	不建议下单
10	小猪短租	22.22%	0.178	0.000	0.164	不建议下单
11	世界邦旅行网	16.67%	0.000	0.000	0.083	不建议下单
12	123 微旅行	0.00%	0.000	0.000	0.000	不予评级
13	侠侣亲子游	0 00%	0.000	0.000	0.000	不予评级

数据来源：电诉宝。

我国在线旅游市场迅速发展的过程当中，也出现了许多旅游市场的乱象。造成这种现象的原因较多。由于旅游产品的交易和旅游服务，两者并不完全同步，存在时间和空间上的差异，同时在线交易中的虚拟性和不确定性较大，容易造成旅游产品质量、旅游服务质量与消费者满意度之间存在较大偏差，甚至会出现侵害消费者权益的现象。2020 年在线旅游的主要问题集中在退款问题、霸王条款、订单问题、售后服务、网络欺诈、虚假促销等方面。其中，退款问题占比达到 59.86%，为在线旅游投诉的最主要问题（图 7–3）。

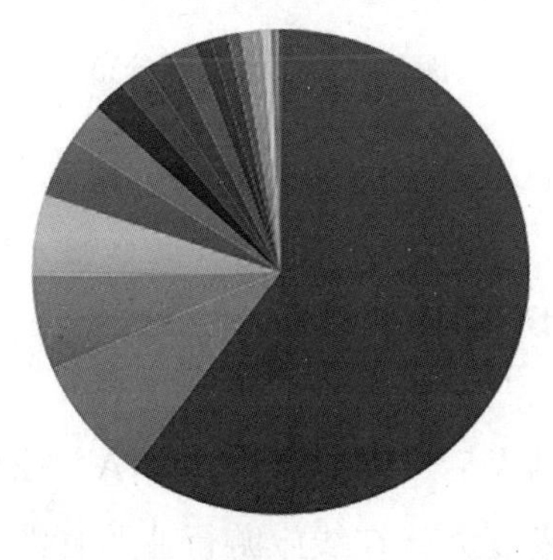

图 7–3　投诉问题占比

数据来源：电诉宝。

2020 年在线旅游用户投诉金额主要为小额投诉，大多集中在 5000 元以下，其中 100-500 元金额的投诉占比最人，达到 28.55%。5000 元以上金额投诉占比仅为 5.93%。

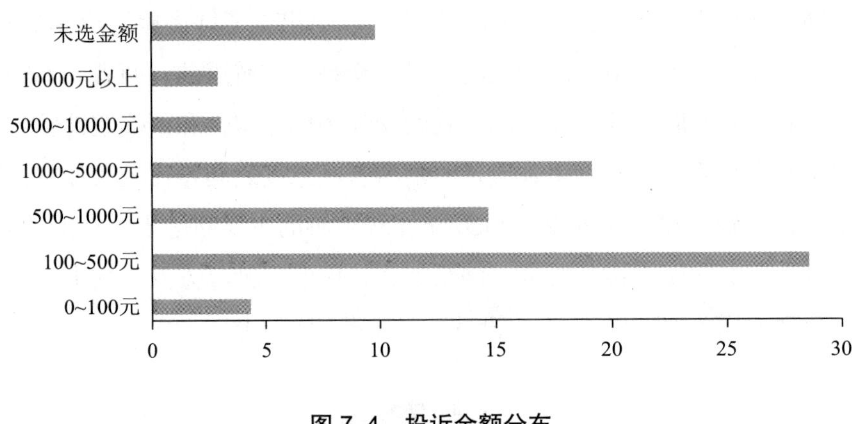

图 7–4 投诉金额分布

数据来源：电诉宝。

二、在线旅游市场监管现状

每个旅游消费旺季结束后，在线旅游（OTA）往往成为投诉重灾区，在线旅游服务商责任边界模糊度大，在线旅游行业监管涉及方方面面，相比传统旅游行业的监管更为复杂，在此背景下，加强在线旅游市场监管、规范市场秩序已成为社会共识。政府和社会各界也在积极推进在线旅游市场监管实践，以期更好地维护旅游市场秩序，促进在线旅游产业的健康可持续发展。

（一）法律法规

我国首个在线旅游市场监管新规出台，2020 年 9 月 1 日，文化和旅游部发布了《在线旅游经营服务管理暂行规定》，并于 2020 年 10 月 1 日起正式施行。这是目前我国首个针对在线旅游市场的监管规定。

一是明确规定的适用范围和相关主体。在中华人民共和国境内，通过互联网等信息网络向旅游者提供旅游、交通、住宿、观光、餐饮、娱乐等旅游套餐服务和个人旅游服务的经营活动，均适用该条例。在线旅游运营商包括平台运营商、平台内运营商、自建网站以及通过其他网络服务提供在线旅游业务服务的运营商。二是压实平台企业责任。该规定遵循“政府管平台，平台管供应商”的市场监管总体思路，要求在线旅游平台经营者维护人身财产安全、信息内容安全、网络安全等，以社会主义核心价值观为导向，做到诚信经营、公平竞争，主动承担产品和服务质量责任，积极接受政府和社会的公共监督，切实维护消费者的合法权益。三是应对社会热点问题。将不合理的低价旅游、评价权、旅游消费者信息收集等纳入监管，并制定相应的规范和规定。四是统筹做好疫情防控和复工复产工作。增加有助于复工复产、促进旅游业健康发展的规定。

该规定明确了监管适用范围和相关主体，明确了在线旅游企业的平台责任，并将不合理低价游、评价权、旅游者信息收集等热点问题纳入市场监管体系。该新规的推出旨在促进在线旅游行业向更加规范的方向发展，在线旅游消费环境将得到进一步优化，有利于在线旅游行业的长期、可持续、高质量发展，在线旅游行业也将迎来发展新阶段。

（二）政策监管

2020 年 11 月，由文化和旅游部、国家发展改革委、教育部、工业和信息化部、公安部、财政部、交通运输部、农业农村部、商务部、市场监管总局等联合发布了《关于深化“互联网＋旅游”推动旅游业高质量发展的意见》。意见指出：

“加强旅游监管服务。通过大数据采集分析加强旅游安全监测，提升旅游领域突发事件预警和应急处置能力。推动北斗系统等导航定位、可穿戴设备、电子围栏、遥感卫星等技术和设备在自助旅游、特种旅游中的运用。完善全国旅游监管服务平台，健全中央—地方旅游监管服务平台体系，形成旅游市场信息化、智能化监管服务格局。鼓励各地区建设基于大数据的旅游市场经济运行监测体系，实时监测区域旅游消费趋势，建立数据导向的政策调整机制。提升旅游治理能力。推广旅游电子合同使用，推进旅游电子合同标准制定。推动各地区建立健全线上旅游投诉和处理机制，提高游客投诉快速处理能力，打击欺客、宰客行为。用好文化、旅游市场严重失信名单管理制度，对列入严重失信名单的市场主体和从业人员，依法依规实施联合惩戒，构建放心消费环境。创新旅游统计应用，提高旅游统计的时效性、科学性和精准性。保障旅游数据安全。按照数据安全和个人信息保护相关法律法规要求，落实旅游数据安全管理责任，保障旅游数据收集、传输、存储、共享、使用、销毁等全生命周期安全，防止数据丢失、毁损、泄露和篡改。定期开展安全风险和隐患排查，增强应急处置能力。对存在重大旅游数据信息安全风险隐患的地区，采取通报、约谈等方式推动严肃整改。”

（三）投诉处理

2020 年 2 月，文化和旅游部发布了《2020 年旅游投诉分析报告》，根据报告内容显示，2020 年我国旅游投诉总量大幅度增长，通过各种渠道共收到有效旅游投诉 49534 件，同比增长 47.43%，受理率为 87%，结案率为 97%。为游客挽回经济损失达 11154.89 万元，较上年同期增长 166%。全年中涉疫旅游投诉案件为 19624 件，占总投诉量的 39.62%。除涉疫旅游投诉外，全年投诉总量较上年同期下降 11%。

从出行、住宿到观光游览，文旅产业链中存在诸多可能损害消费者权益的环节。尤其是新冠肺炎疫情给文旅行业蒙上阴影，消费业态和消费方式也因此受到影响，在文旅投诉方面，“涉疫投诉”成为文旅投诉的新增长点。酒店退订、机票退改签、景区体验不佳等现象频发，这些都影响着消费者的出行计划和体验。

涉及在线旅游企业的投诉数量为 8669 件，仅次于旅行社、旅游景区，位列第三。其中，涉疫旅游投诉为 4368 件，占到在线旅游企业投诉的 5 成以上。涉疫投诉主要集中在旅行社退费、机票火车票退订退费、住宿退订退费、景区门票退订退费等方面，机票预订为最主要问题，涉及投诉 1778 件，占到 41.3%。主要的投诉渠道主要有 12301 旅游服务热线、12301 网络平台和文化旅游部官网。

2020 年 3 月 15 日前夕，为帮助旅游消费者维护自身权益，提供问题解决途径，由 12301 国家智慧旅游公共服务平台、《人民日报》等多家媒体共同发起了文旅 3・15 维权线索征集令，面向公众征集文旅维权线索。据征集结果"文旅 3・15 投诉榜"显示，OTA 平台半边山下、生活服务电商平台美团等赫然在列。

（四）舆论监管

互联网信息时代，舆论监管的力量也不容忽视。新闻媒体、消费者等是在线旅游市场舆论监管的主体，在旅游市场社会监管方面起到不可替代的作用。

据《2020 年中国旅游行业网络关注度分析报告》显示，对 2020 年互联网上关于全国旅游及与其相关信息的网络传播热度指数和全网信息量进行综合统计，主要对新浪舆情通对微博、公众号、博客和数万家网站、论坛、报刊、政务网站、视频网站的数据统计，数据显示，2020 全年国内旅游共产生 2.94 亿条相关信息，其中 52% 的信息来源于微博平台，25% 的信息来源于客户端平台，其他平台信息量较少，占比均少于 10%。可见，微博和客户端已经成为旅游行业相关信息的主要传播平台。"80"、"90"后已成为在线旅游的主要关注群体。与国民旅游业相关的敏感信息占 5.25%，非敏感信息占 94.75%。2020 年国内旅游业舆论普遍向好。但部分景区服务态度差，安全事故的发生和游客不文明的旅游行为引发了一定的公众负面情绪，相关敏感信息占比达 5.25%。

《人民日报》、人民文旅等多家媒体对消费者投诉的 OTA 平台"春节酒店退订难"问题等进行系列深度综合报道。2020 年春节，受全国各地相继下发"就地过年"倡议影响，不少人改变原定行程。国家卫健委 2020 年 1 月 20 日发布相关规定，要求春节返乡人员除需持 7 天内有效新冠病毒核酸检测阴性结果外，返乡后实行 14 天居家健康监测。此规定出台后，不少酒店从业者表示，业务受到较大影响。不少消费者反映，通过 OTA 平台预订的酒店在退订过程中出现了较大的困难，OTA 平台和酒店之间出现责任推诿、相互扯皮的问题，导致消费者在酒店退订过程异常复杂，且退订成功率较低，严重影响了消费者的合法权益。相关现象和报道也引起了政府部门的关注，2020 年 7 月，最高人民法院、司法部、文化和旅游部联合发布《关于依法妥善处理涉疫情旅游合同纠纷有关问题的通知》，就建立健全多元化解和联动机制，依法妥善处理涉疫情旅游合同纠纷作出规定，为更好地实现高质量市场监管提供了依据。

有消费者注意到携程等 OTA 平台借助自身的大数据评判之便，通过对老用户的历史数据分析，以高于市场的价格为老用户提供服务，进行“大数据杀熟”。相关情况曝光之后，在社会上引起了较大的舆论反响，并持续发酵。浙江省绍兴市柯桥区人民法院开庭审理消费者诉某在线旅游服务公司侵权纠纷案。法院当庭作出判决，裁定被告某在线旅游服务公司向原告支付三倍的赔偿金，被告应在其运营的在线旅行 App 中为原告增加，再不同意其现有“服务协议”和“隐私政策”情况下，仍可继续使用的选项，或者为原告修订在线旅行 App 的“服务协议”和“隐私政策”，删除对用户非必要隐私信息的采集和使用有关的内容，且修订版需经法院审查批准。社会舆论已使得在线旅游市场监管更加透明化，舆论监管也在相关不平等交易的监管中起到重要的作用。

（五）各地创新性监管探索

1. 云南省构建“互联网 + 政务服务”监管体系

云南为加强旅游监管，特制定了《云南省旅游市场秩序整治工作措施》，依法严惩旅游违法违规行为，构建起了面省、州市、县、企业等不同主体的“1+16+129+X”全域旅游投诉体系，实现 99% 的投诉再 24 小时内解决的目标，旅游投诉处理效率更高。

此外，云南进一步推进“互联网 + 政务服务”，实施“一部手机办事通”。首批上线 153 项，依法行政审批服务全部实现网上办理。在全省 129 个县（市、区）设立“云南公安自助便民服务超市”，实现公安窗口从“8 小时”服务向“全天候”服务的跨越。公司电子营业执照全面发放，商事登记提速提效。

2. 湖南省创新“数字化 + 文旅”监管新模式

湖南立足本土，创新升级，与联通达成战略合作，建立有效的智慧旅游监管和智慧服务体系，推进文旅市场有序运行，推动数字科技与文旅产业的深度融合，创新“数字化 + 文旅”新模式。

“数字 + 文旅”创造文旅新体验，优化文旅环境。各旅游景区作为旅游资源主体，进一步强化与运营商合作，实现景区 Wi-Fi 信号、视频监控覆盖比率的提升。建设数字化景区监控、GPS 定位、电子票务、应急指挥、智能交通管理等景区管理系统，实现景区信息化管控。通过信息化建设，岳阳市 80% 的 4A 级以上旅游景区已可实现互联网购票，天岳幕阜山、平江石牛寨等景区已全面使用电子门禁系统，实现对门票的自动识别检票；岳阳楼、君山岛等许多景区已实现视频监控、人流监控全覆盖。

三、在线旅游企业市场监管问题与挑战

随着在线旅游市场规模的扩大，在线旅游交易的虚拟性和不确定性较大，旅游营销模式富有变化，使得在线旅游市场出现了较多的乱象与问题。因此加强在线旅游市场的监管就显得尤为必要。在旅游消费者投诉的过程当中，存在一些较为集中的问题，如捆绑销售、随意涨价、大数据杀熟、消费者信息泄露、低价游陷阱、夸大甚至虚假宣传、霸王条款、退改签难等问题。

（一）诚信问题

经营资质透明度仍待进一步加强。据北京市消费者协会发布的《2020 年北京旅游消费体验调查报告》我们发现，通过分别对 9 家在线旅游平台每家随机抽取 100 个旅行社作为分析对象，仅有 45.37% 的旅行社对营业执照进行了展示，有 62.37% 的旅行社对旅行社业务经营许可证进行了展示，很显然仍然有半数甚至半数以上的旅行社并没有展示营业执照和业务经营许可，这显然是不符合市场监管要求的。此外，报告中还对各在线旅游平台中的旅行社企业资质的展示进行了评测，分别设置两个项目：第一为“展示营业执照”，第二为“展示旅行社业务经营许可证”，结果显示：2019 年“展示营业执照”得分为

75，2020年得分为61，呈明显下降趋势；2019年“展示旅行社业务经营许可证”得分为67.86，2020年得分为72.22，较2019年有所提升。部分旅行社线路发布信息与实际情况的一致性方面也存在问题。虽然有一部分的在线旅游平台表示，在其在线旅游平台上的旅行社的资质，通过了平台的审核，但是相关的旅行社资质的审核信息并没有对用户进行公开，显然，这在很大程度上损害了消费者对于旅游消费服务商的知情权。

在线旅游平台产品信息的完整度和线上线下的一致性尚存出入。比如，受到新冠肺炎疫情的影响，某些旅游线路的游客预定数量明显不足，甚至导致该线路最终无法成团，但类似的这些旅游线路仍在网上进行发售，旅游消费者仍然可以购买和预定。但最终会被通知无法成团，从而影响了消费者的出游计划。更有甚者，在旅行前一天，通过客服沟通告知消费者无法成团，甚至是擅自修改旅游线路，这些乱象也是频频出现。

虚假宣传的问题屡见不鲜。在线旅游平台夸大甚至虚假宣传其旅游产品，而与消费者实际消费的旅游产品的质量和服务存在较大出入，如消费者预订的酒店房型与其实际住宿的酒店房型不符，消费者的订单被无故取消等现象，这些乱象的发生在旅游旺季更多，严重损害了消费者的权益。

（二）平台乱象问题

大数据杀熟的现象时有发生。在线旅游平台运用大数据手段来进行“杀熟”的问题，一直受到消费者的高度关注。在线旅游服务平台通过私自收集用户的消费倾向和用户的消费水平等隐私信息，根据不同的用户制定不同的价格，不仅侵犯了消费者的隐私权，还严重影响了消费者的个人权益。

目前，在线旅游供应商私自限制交易条件等问题仍然存在。尽管伴随着相关的法律法规的逐步完善，捆绑销售等问题在一定程度上得到了改善，但仍然有在线旅游企业通过各种隐蔽的方式，进行强制消费、限制交易条件等违法行为，严重损害了消费者和企业之间的平等关系，并且损害了消费者的合法权益。

另一方面，在线旅游捆绑搭售、默认勾选等问题仍以更为隐蔽的方式出现。有消费者反映在某些在线旅游产品的订购过程当中，有捆绑销售的项目和信息被隐藏勾选或者被默认勾选，如果消费者不注意，很容易跟随其默认设置而额外购买其捆绑的产品或服务。有的甚至存在不勾选默认搭售会存在延长订购时间、强制观看广告等蓄意为难消费者的现象。

（三）法律法规细化问题

我国在线旅游市场发展迅速，在线旅游企业和在线旅游服务平台的数量不断增多，这促进了旅游消费，带动了行业发展。但个别企业和平台违反相关法律法规的情况时有发生，侵害了游客的合法权益，扰乱了旅游市场秩序，个别性质恶劣的案件更引起了社会的广泛关注，亟须通过健全法律法规来加以规范。

在线旅游服务商之间的责权不明晰是导致旅游市场和谐的关键因素，因此，通过法律法规的形式进一步明确在线旅游平台、供应商等各方的法律责任，厘清过去模糊不清的责任边界，明确要求和倡议，细化政策要求，以更加便于业内遵照执行，从而有助于提高行业监管的针对性和有效性，提升了违法违规成本。这对于维护良好的市场秩序，维护良好的在线旅游服务消费环境，起到积极的推动作用，有助于推动在线旅游企业诚信经营，依法承担产品和服务质量责任，从而保证在线旅游产品质量，确保行业持续健康发展，规范的市场更加有利于我国在线旅游行业的发展壮大。

（四）标准缺失问题

在线旅游服务往往保留服务条款的解释权，当存在无法提供与其产品描述相同的服务时，在线旅游平台若单方面违约，往往拒绝承担相关赔偿责任，进而导致消费者自行承担损失的情况较为普遍。但是，某些在线优惠可能会限制旅游线路的更改等，如果消费者单方面改变行程并违反合同，在线旅游公司要么不予退款，要么收取高额退款费用和违约金。同时，在众多旅游网站的服务质量投诉中，因旅游新产品引起的纠纷、旅游合同纠纷等也呈上升趋势。经常有游客反映，在预订酒店、跟团游、景点门票时，在线旅游服务商不能遵守约定的服务，相关提示也没有到位。在旅游旺季，在线旅游网站的投诉主要集中在退款的困难或延误上。

造成这些问题的原因是目前在线旅游行业规范管理缺乏制度保障。在线旅游消费纠纷和投诉增多反映了在线旅游消费市场的不成熟、不规范。一些在线旅游经营者缺乏诚信守法的经营理念和责任感，没有建立必要的应急问题解决机制，对突发事件缺乏反应。针对在线旅游行业投诉明显增多、消费者权益屡遭损害等问题，加快制定网络旅游行业服务质量标准等行业标准，方便有关部门进行专项监管。

四、在线旅游市场监管优化策略

在线旅游消费问题较多，会直接造成严重后果，不仅扰乱了旅游市场秩序，也制约了旅游市场的高质量发展。如果这些问题得不到及时有效的处理，甚至会形成群体效应，导致越来越多的在线旅游企业纷纷效仿，不仅会严重影响消费者的出行心情和对在线旅游的信任，也极大地削弱了消费者的旅游热情，还不利于在线旅游市场的可持续发展。针对在线旅游市场出现的种种问题，以及目前在线旅游市场监管的现状，提出以下几点优化策略。

（一）注重信用监管

随着消费者在线旅游消费的实践体验的升级，消费者对在线旅游的认知已经从新奇、好奇转变为挑剔和质疑，消费者的主动维权意识也在增强。随着信息技术的不断发展，整个社会和整个市场的公平性和透明度越来越高，任何蒙蔽、欺骗消费者的行为，都是不得人心并且违背职业道德和诚信的。在线旅游企业应当以消费者的中心，主动提升自身的能力和服务品质，做到诚信经营，真正以口碑和服务质量来赢得旅游消费者的信任。市场监管部门应当大力加强和注重信用监管的力度，时刻密切关注在线旅游市场的问题和舆论信息，做到主动出击、积极追踪调查，依法依规来进行高效的旅游市场监管。建立健全在线旅游企业信用库建设，为在线旅游消费环境提供健康有序的环境，从而推动在线旅游市场的健康稳健的发展。

（二）整治平台乱象

在线旅游企业和平台既是线下旅游行业的服务主体，又是在线电子商务平台的经营者。针对在线旅游市场涉及一系列的问题，如大数据杀熟、虚假预订、捆绑销售、不合理低价游等新型用户权益保护问题，进行强化管理，严格监督经营者资质、供应商等问题。针对机票、酒店等产品，建立严格的监督管理体系，重点关注供应商资质、出票、改期、退票等服务的准确性、及时性以及违规投诉情况，并建立相应考评及奖惩机制。有效提升在线旅游企业依法合规经营水平，促进在线旅游平台对供应商和产品更严格审核规范，避免市场上一些鱼龙混杂的情况，从而净化行业环境，更好地保障保护消费者的合法权益。

（三）完善法律法规

以保障游客合法权益为着力点，通过立法促规范、规范促发展，积极推动相关法律、法规、行政规章等的逐步完善，促进网络旅游市场监管力度不断加大，确保相关法律法规的有效实施。建立覆盖政府主管部门、在线旅游企业、旅行社、景区、开发商、服务商及游客的多层次旅游大数据体系，充分利用和应用大数据、人工智能等创新技术，解决在线旅游消费监管难的问题，通过信息技术建立信用评级机制，有效加强对在线旅游行业旅游消费市场的监管。

（四）强化标准规范

文化和旅游部印发的《“十四五”文化和旅游市场发展规划》也将在线旅游作为其内容之一，强调提升在线旅游产品质量和服务标准构建，合理规范在线旅游秩序。针对当前在线旅游平台存在的诸多问题，强化在线旅游市场监管标准的制定和规范，通过合理制定权责明确的在线旅游试产监管标准，倡导在线旅游企业为消费者提供真实、准确的旅游服务信息，保护消费者的个人信息等数据安全，鼓励畅通消费维权通道、妥善解决消费者诉求，支持平台积极协助消费者维权。

第八章　旅游民宿市场监管

翟向坤　郭　凌　黄　丹　何沁林[①]

一、相关概念界定

（一）旅游民宿

民宿兴起于英国、日本和我国台湾地区，“民宿”这一词最早由日本词汇“Minshuku”演化而来，但各个国家与地区对民宿的定义有所差别，目前尚无统一标准。2017 年原国家旅游局发布《旅游民宿基本要求与评价》，明确我国旅游民宿的定义为“利用当地闲置资源，民宿主人参与接待，为游客提供体验当地自然、文化与生产生活方式的小型住宿设施”。根据 2021 年文化和旅游部修订的《旅游民宿基本要求与评价》，旅游民宿则定义为“利用当地民居等相关闲置资源，经营用客房不超过 4 层、建筑面积不超过 800 ㎡，主人参与接待，为游客提供体验当地自然、文化与生产生活方式的小型住宿设施”；根据旅游民宿根据所处地域的差异，可划分为乡村民宿与城镇民宿两种类型。旅游民宿是指旅游服务提供者所提供的住宿方式，2021 年文旅部发布最新旅游行业标准将旅游民宿等级分为甲、乙、丙三个级别。

①　翟向坤，中国劳动关系学院教授；郭凌，四川农业大学商旅学院教授；黄丹，四川农业大学商旅学院研究生；何沁林，四川农业大学商旅学院研究生。

（二）旅游民宿市场监管

要在当前社会中生存与发展，社会中存在的一切人和事物的发展都会受到自然的约束或者社会的监管。“监管”源于英文单词“regulation”，包含规章制度、管理条例、法律规则的意思。但是目前我国法学界对监管二字的定义尚不明确，在监管对象、方式与内容方面都有不同的要求，缺乏一个明确统一的概念界定。2017 年原国家旅游局发布的《旅游民宿基本要求与评价》将旅游民宿的定义、评价原则、基本要求、管理规范及其等级划分条件进行详细规定，成为我国民宿监管过程中最为重要的参考文件之一，是我国民宿监管规章制度与国际普遍监管制度相靠近的重要一步。

对比国内外文献研究发现，民宿最早兴起于国外，西方国家关于民宿法律法规制定、各方主体担责，经营过程中的自我监管与社会监管以及各种法律配套机制相对完善且成熟。同时，国外对于民宿监管的研究多侧重于监管治理框架，以政府主导监管为主，辅之以自我监管、平台监管以及社会公众监管。而国内民宿起步较晚，民宿监管更是处于初步探索阶段，研究情况与现实情况均良莠不齐，尚未形成完整可靠的体系。但是学界已充分认识到民宿监管的必要性与重要性——发展旅游民宿，监管行为必不可少。需要着重指出的是，监管并不是一味地约束，而是应认识到民宿作为与共享经济结合的新产物，其发展过程是动态的，故其监管过程也应实行动态调整。即用灵活的方法应对发展中的新变化，形成及时有效的动态监管体系来规范旅游民宿有序正常发展。

二、2020 年旅游民宿行业发展背景

（一）疫情防控

新冠肺炎疫情对新兴发展、势头强劲的旅游民宿行业带来了巨大影响。疫情防控状态下，道路封闭，社区封闭，居民居家防控，民宿几乎处于关闭停滞状态。全国各地纷纷启动疫情防控一级响应，严格管理流动人口，大部分地区

处于封闭状态，为积极配合国家与地区防控政策与管理，民宿房客继续出行以及入住民宿几乎不可能，民宿订单无法正常履行，导致产生大量民宿退单。民宿经营者和各在线平台为配合疫情防控，主动停业休整。在此期间，线上旅游民宿行业发展基本处于停滞状态。2020 年四五月份以来，虽然各地疫情防控等级均在下调，但线上平台数据显示，更多的民宿出行者选择了人口较为稀少的乡村地区民宿，城区民宿依旧处于低迷状态。除订单量问题外，民宿房东经营压力骤增，经营信心受重挫，疫情防控期间，多数房东面临着成本不减，但收益极低甚至是零收益的艰难处境，加之大量房客退单损失，很多民宿经营者不堪打击，因此退出民宿经营市场。

总体来看，短期情况下疫情防控对旅游民宿行业按了紧急暂停键，行业发展基本处于停滞状态，民宿订单量大幅减少，退单量大幅增加，营业额断崖式下跌，旅游民宿短租平台内经营者面临较大的经营压力。然而从长期情况看，旅游民宿行业发展危中藏机。疫情期间，人们居家防控，不能外出，促使人们在线消费、在线办公以及在线上课等习惯进一步得到强化，促进网络技术在各个行业与领域的进一步发展。线上民宿短租行业在此期间也进一步提高质量，提供更多更优质的服务与产品，而随着新冠肺炎疫情防控进入常态化，旅游民宿行业将迎来新一轮复苏。

（二）乡村振兴

2018 年中央一号文件明确提出我国实施乡村振兴战略的重大决策。乡村旅游服务业作为第三产业，不仅能够解决中国乡村经济社会落后的问题，也能通过带动第一、二产业的协同发展，改变乡村居民收入结构、增加乡村居民收入，从而促进乡村经济发展与社会进步。具体体现在乡村旅游产业涉及“食、住、行、游、购、娱”六大产业要素的交叉性，这让乡村居民通过除了提供食住、出行服务外，还可以通过精深加工副产品、手工品，借助乡村旅游广阔的游客市场进行土特产直销、电销。而民宿作为乡村旅游中“食、住”的重要环节，既是满足游客食与住的主要载体，也能进一步满足游客游、行、购、娱的需求。因此，乡村旅游作为乡村振兴战略的重要发力点，无疑在乡村精准扶贫、农业供给侧改革等方面发挥着重要作用。

党和国家高度重视乡村振兴工作。2020 年 2 月，中共中央、国务院印发《关于抓好“三农”领域重点工作确保如期实现全面小康的意见》，亦即 2020 年中央一号文件。提出有效开发农村市场，扩大电子商务进农村覆盖面，支持供销合作社、邮政快递企业等延伸乡村物流服务网络，不断完善农村基础设施，为乡村旅游民宿的发展提供了有力支撑。但由于乡村较为落后的大环境，民宿在发展过程中也遇到了运营管理、政策制度等方面的问题，这些问题制约了民宿和乡村旅游发展的同时，也不利于乡村振兴战略的实施。

（三）文旅融合

2018 年，国务院提出了将国家旅游局与文化部合并的改革方案，旨在将文化部与国家旅游局的职责和资源整合，表明了国家充分认识到文化产业发展的必要性与重要性，从国家战略上明确了发展文化产业的目的和信心。合力大于单独发展，文化与旅游相辅相成；而文化和旅游部的设计也将进一步推动中国文化产业与旅游产业的融合发展，提升国家文化影响力和软实力，成为我国文化业和旅游业可持续发展的必然要求。

目前，由于城市居民对逆城市化生活的追求、交通和信息技术的发展以及乡村战略的实施，乡村旅游成为新时代游客出行的消费热点，是我国旅游投资的热点领域之一，民宿业也因其平价化、生活化、文化性深受广大消费者推崇。文旅融合的深化发展为乡村民宿带来了新的机遇，给乡村民宿发展注入文化属性，让民宿不只是满足游客住宿的需求，更是赋予了民宿活的灵魂，符合新时代文化旅游、文化振兴的要求。同时也满足了游客对当地生活气息、对历史文化和民俗风情的体验与感受。基于此，乡村旅游民宿正在成为新时代文旅融合发展的重要载体。

（四）共享经济

伴随经济与社会的发展，源于传统生产制造行业的“共享”概念正逐步向文旅行业延伸，进而推广到文旅全领域。共享经济是一种提升闲置资源利用效率的经济新模式，以平台化、分布式、开放性、高效化为特征，借助信息化平台整合多种资源要素，通过改变资源配置机制来盘活存量资源、提升供给效率。

共享经济的出现与繁荣大大加速了旅游民宿的发展，旅游民宿业主通常将自己闲置的房屋出租给民宿消费者，在这一过程中完成了民宿主人与消费者资源的互换共享，因此成为共享经济的重要形态。民宿业的蓬勃发展，不仅实现了资源配置优化、推动闲置资源和消费者形成紧密联系，还大大提升了游客对旅游民宿的认知，方便了其与旅游民宿的直接联系。同时，共享经济因互联网技术的不断发展、各种第三方平台的优化完善及社交网络的壮大成熟，极大影响着我国民宿企业的发展。目前，旅游民宿的形式不断丰富完善，包括在线短租、景区周边配套民宿以及休闲农家乐等，极大地优化了社会闲置资源配置、有效带动了农村经济发展，增加了乡村地区居民就业。携程、去哪儿、美团等第三方平台亦纷纷上线民宿旅游服务，使民宿旅游更进一步发展。未来，由于线上消费的蓬勃进行、乡村振兴的持续发力，各大短租平台将进一步加大对旅游民宿的投资与发展，共享经济背景下的旅游民宿发展前景广阔。

三、2020年旅游民宿市场监管现状

（一）市场监管相关政策梳理

1. 国家层面

（1）酝酿萌芽。

民宿在我国大陆的发展历程只有短短的约20年，大概始于2000年，在休息时城市居民们大多以家庭为单位出游，在周边的“农家乐”玩乐放松。随着

国民生活水平的提高以及各种新兴技术的迅猛发展，游客们有了更加多样的需求。在住宿方面，由于具有更加浓厚的当地特色文化氛围，民宿受到更多游客喜爱。由于具有良好的发展前景，这一行业在吸引了大量投资者涌入市场的同时，伴随共享经济不断发展，民宿作为一种新型旅游附加产业也对大众具有强烈的吸引力，越来越多的游客选择通过网络平台预定民宿作为旅途中的落脚点。在民宿市场逐步走向成熟的过程中，国家发布了一系列政策保证整个行业的健康发展，也成为民宿业发展的重要起点。

2015 年，《国务院办公厅关于加快发展生活性服务业促进消费结构升级的指导意见》，第一次提出要从政策鼓励开展民宿业。这一指导意见明确了支持民宿在我国合法化发展的意见。2016 年，《中共中央、国务院关于落实发展新理念加快农业现代化实现全面小康目标的若干意见》发布，国家层面上对于乡村旅游业的发展重视程度提高，各种乡村休闲产业包括民宿、自驾游等项目都位于国家投入大力发展的行列。同年年底，国务院发布《“十三五”旅游业发展规划》中，也提出鼓励发展自驾游、特色民宿等的新产业。

由于政策红利的推动，全国各地民宿数量增速迅猛，不少 OTA 平台借此得到发展机会。根据原国家旅游局的统计数据显示，2015—2016 年短短一年时间内，民宿数量激增了 2 万多家，增长速度近 80%。在这几年内，Airbnb 进入中国市场、途家与小猪短租分别完成融资，携程、去哪儿等传统在线旅游平台也积极开展民宿业务。但由于处于行业发展初期，不少在线旅游平台忽略了民宿经营资格、管理规定等相关问题，导致市场上充斥着具有无证经营等一系列潜在问题的民宿。

（2）起步发展。

虽然民宿初期发展势头迅猛，然而经营过程中也出现质量良莠不齐等问题，影响了民宿业的口碑。2017 年 2 月，公安部发布《旅馆业治安管理条例（征求意见稿）》，将民宿短租包括在旅游住宿管理范围内经营所需的营业执照和许可证都按照旅馆的管理条例进行要求。2017 年，原国家旅游局也发布了国内首个旅游民宿行业标准——《旅游民宿基本要求与评价》，从旅游民宿的定义到管理规范等各方面都做出了明确的规定。同时，该标准也强调，民宿作为众多住宿类别中的一类，通常房间数量不多，只是作为小型的住宿设施容纳一小部分住客，通过所在区域不同分为城镇和乡村两种民宿，其经营应按照当地政府的要求获得相关营业资格。

（3）发展落实。

2018 年是民宿标准化规范化发展的过渡阶段，但从政策上仍能看出国家对整个行业的重视程度。2018 年 3 月，国务院办公厅发布了《国务院办公厅关于促进全域旅游发展的指导意见》，其中提到城乡居民可以在不改变用地主体、规划条件的前提下，利用自有住宅依法从事民宿等旅游经营。

在 2018 年 10 月发布的《国务院办公厅关于印发完善促进消费体制机制实施方案（2018—2020 年）的通知》中，对于这一具有巨大商业潜力的新兴特色产业，国家降低了民宿进入市场的门槛，为的即是扫除障碍，让民宿发展可以作为提高经济水平的持续动力。但由于共享住宿领域一直缺乏行业标准，在实际操作过程中各种问题层出不穷，媒体报道中不乏消费者、房东权益受到损害而产生的各种矛盾的报道。鉴于此，2018 年 11 月，我国共享住宿的第一个行业自律标准——《共享住宿服务规范》正式发布。其中就包括住客身份验证、民宿房间卫生条件等方面内容。

（4）深化完善。

2019 年 1 月，文化和旅游部发布《文化和旅游部关于实施旅游服务质量提升计划的指导意见》，明确提出了要加强对旅游住宿新业态的引导和管理。2019 年 7 月，文化和旅游部又发布并实施了新版《旅游民宿基本要求和评价》，修订之后的标准对于民宿的定义和经营规模有了更加具体的规定，全新的理念为整个行业带来新方向。而同年 8 月发布的《国务院办公厅关于促进平台经济规范健康发展的指导意见》则指出各部门要完成对民宿、网约车等一系列共享经济平台的监管政策的落实，做好各类审批工作，防止管理过程中出现责任不到位的管理真空现象，提高管理效率。

同时，伴随疫情逐步稳定并常态化后，国内旅游市场缓慢恢复，长期的隔离生活使得市民无比向往相对自由的田园生活。人口密度低、生态环境优良等优点在一定程度上阻隔了新冠病毒的传播，促使了乡村旅游在旅游业中时隔一年率先恢复。从2020年的下半年开始，各地消费者提高了在周边人员稀少的自然观光、户外游览等项目参与度，在不过多聚集的情况下重新获得旅游体验。2020年7月发布的《文化和旅游部办公厅关于统筹做好乡村旅游常态化疫情防控和加快市场复苏有关工作的通知》中提出，为了保障疫情后的乡村旅游健康发展、疫情的常态化防控，乡间地区需要加强夜间经济、提升乡村民宿的质量，进入转型阶段；而且在卫生方面需要加强监督，为游客提供良好的游览环境，促进旅游业的恢复。

2. 地方层面

（1）酝酿萌芽。

目前，全国各地已根据实际情况出台了不少有关民宿的规范管理条例及地方行业标准等，为民宿之后的规范发展奠定了基础。

2015年3月，深圳市政府发布的《深圳大鹏新区民宿管理办法（试行）》提及新区民宿经营与监管，其中明确提出民宿的经营管理应该有社区自治，在监督管理方面，根据协议同意为社区提供相关服务。同年5月，厦门市政府发布了《厦门市关于进一步促进休闲农业发展的意见》。9月，浙江省第十二届人民代表大会常务委员会第二十三次会议通过并公布《浙江省旅游条例》，这些地方政策性文件鼓励有条件的城乡居民开办民宿和农家乐，并对农村民宿的开业条件及办证程序等作了具体说明和规范。2015年12月30日，《民宿客栈安全管理规范》省级地方标准经安徽省质监局批准正式发布，从民宿的餐饮、设施、治安、消防等一系列方面都做出了详细规定。

（2）起步探索。

2015年之后的几年，国内民宿发展迅速，无数具有特色的各式民宿如雨后春笋般出现，一些旅游业发达的区域（如浙江等）率先制定、发布了相关管理办法，而随着全国短时间内民宿市场的遍地开花，不少地方也紧接着出台了与民宿相关的规定和管理办法。新的监管办法在切实解决具体问题的同时，也为共享住宿这一新兴业态的发展提供了保障。

2016 年 7 月，重庆市发布了《重庆市人民政府办公厅关于加快乡村旅游发展的意见》，支持各地利用闲置资源来打造具有吸引力的各类旅游消费场地，如特色民宿、农家乐等。12 月，《浙江省人民政府办公厅关于确定民宿范围和条件的指导意见》发布，确定了民宿的范围和条件，旨在落实《中华人民共和国旅游法》和《浙江省旅游条例》的相关规定。2017 年 8 月 1 日，《北京市旅游条例》出台，该条例也对民宿进行了概念界定。

（3）发展落实。

随着中央实施乡村振兴战略的决定，各个平台选择将市场下沉到三、四线城市，将乡村作为民宿的战略布局点，对于待开发地区的潜力抱有高期望值。全国各地也都在积极探索如何更好监管民宿市场。地方政府层面的重视致使各类地方标准的编写指定提上日程，民宿进入从大量迅速扩增转向高质量发展的道路，在布局、规范性等方面逐步走向成熟。2018 年 5 月 30 日，海南省发布了《乡村民宿服务质量等级划分与评定（DB46T 460—2018）》，详细规定了乡村民宿的定义、等级评定基本要素及标牌管理等内容。

2019 年 3 月，原重庆市文化和旅游发展委员会发布了《关于实施旅游服务质量提升计划的通知》，明确提出突出加强对旅游住宿新业态的引导和管理，加强旅游民宿新业态标准的推广，推进重庆市民宿标准上升为国家标准。2019 年 3 月，《成都市人民政府办公厅关于促进民宿业健康发展的指导意见》也提出，计划用三年时间建立各类民宿产品，打造出具有本土特色的相关品牌，由政府主导的一系列投资建设，利用互联网和其他资本一起助力民宿发展，积极落实乡村振兴战略，以此为农民增收。同年的 5、6 月，海南和广东等省相继出台了当地的民宿管理办法，对开办民宿的定义、要求、规定做出了具体阐述。

（4）深化完善。

目前，一些民宿企业已经逐步走向标准化、成熟化的发展路线，全国不乏优秀的精品民宿品牌。一些民宿企业尝试运用新技术（如人脸识别、大数据的应用），更好地保障了住客的信息、人身等安全。2019 年后不少市级、省级民宿标准也接连出台，如西安、北京、安徽等。

但不可忽视的是，民宿在实际经营中出现了很多问题和矛盾，直接推动了相关规定的出台，旅游监管部门也要强化对业主的指导，促进规范化经营。如在重庆解放碑附近的一座写字楼里，各类公司分布在各个楼层，其中就包括餐饮、摄影、按摩馆、投资公司、民宿等。由于近些年来重庆作为网红城市吸引了一大批游客前来，各个网红民宿则利用互联网这一传播便利的展示空间，吸引了大批年轻的外地游客前来打卡。而在这座写字楼里各式各样的人员进出无法规范管理，扎堆的几十个民宿公司在住客的个人安全等方面存在巨大的安全隐患，人多的情况下，即使在有监控记录，各类失窃案件也难以破案。除此之外，在小区里开城市民宿也导致居民与住客矛盾产生，破坏环境卫生、半夜扰民等事件最终导致居民投诉，并且由于小区里的自租房、民宿不能取得消防许可证，最终导致相关部门介入。

2019 年 11 月 29 日，《重庆市物业管理条例（修订草案）》通过。其中明确了民宿经营的各项条件的和相关手续的办理要求。而在 2021 年 1 月开始正式实施的《民法典》中也规定若房屋业主将住宅用于经营需要征求相关业主的同意，并且告知物业，达成一致同意态度。投资者如果按照要求办理从政府获得各类营业资格而忽略需要获得同小区内临近业主同意的程序，则可能因为开业后遭投诉而遭受停业处理，损失巨大。2020 年 9 月 15 日，北京《乡村民宿服务及评定（DB11/T 1752—2020）》发布。该标准除了发布针对卫生、服务、食品等方面的管理要求，还增加了应对疫情设置的防范、应急处理办法。

虽然民宿价格实惠、可以同时容纳多人住宿，已经成为不少年轻游客出门游玩的不二选择，但始终存在的管理漏洞给城市治理带来严重的安全隐患，原住居民与住客的矛盾不可避免地日益加深。鉴于此，2020 年 12 月 24 日，北京市住房和城乡建设委发布了《关于规范管理短租住房的通知》，明确了政策调整范围，在不同区域实行不同管理方式，如首都功能核心区内就规定了不允许短租这种经营方式。同时也明确了经营短租住房的管理要求，有望有效管控野蛮生长的城市民宿。

目前民宿行业监管仍存在较大发展空间。由于民宿类型的复杂性，不同环境下的经营模式大不相同，管理方式也应按照区域发展阶段细分，在政策上寻找开放和限制的平衡点，同时明确相关的主管部门，减少因管理范围模糊而造成的管理“真空”问题。

（二）市场监管现状

1. 疫情防控下的经营监管

2020 年 1~2 月，国内由于新冠疫肺炎情形势严峻，民宿行业遭遇巨大冲击。文化和旅游部 2020 年 1 月即发布《各地文化和旅游系统积极部署新型冠状病毒感染的肺炎疫情防控工作之二》，要求各地在景区、酒店、民宿等公共区域实行严格的疫情防御措施，做到防疫检测全覆盖。2020 年年初召开的全国文化旅游厅局长会议也对民宿市场监管提出了新的举措：首先是继续推进落实《关于实施旅游服务质量提升计划的指导意见》，推出旅游民宿等管理办法和行业指南；其次，要持续推进全国旅游监管服务平台的应用，推进“互联网 + 监管”，构建智能化、信息化监管服务平台。加快出台在线旅游经营服务管理等规范，实现对线上和线下企业（包括民宿）监管的全覆盖。以切实保障旅游者合法权益，规范在线旅游市场秩序，促进在线旅游产业可持续发展。2020 年 7 月，国家发展改革委也发布《关于支持新业态新模式健康发展 激活消费市场带动扩大就业的意见》，为民宿市场监管新秩序和体系的形成奠定了基础。

伴随疫情逐渐稳定后，旅游业逐步恢复。为了满足疫情常态化下的游客需求，2020 年 12 月，中国饭店协会发布《疫情防控常态化条件下住宿企业经营服务指引》，其中在组织领导、人员管理、环境设施防疫管理方面都做出了要求，指导低风险下区域的住宿业恢复日常运转，而中高风险地区的住宿企业则需要按照地方防疫要求执行当地的防疫措施。

2. 食品安全监管

我国民宿食品安全管理主要由市场监督管理局负责，一些地方部门为加强民宿食品安全管理也相继出台管理办法，实施相关建设工作。各地出台的民宿管理办法中就对民宿中提供的食品做出了相应的规定，包括许可证等信息公示、食品生产的采购、设施、消毒等一系列环节。市场监督管理局也会进行审核、抽查等检查工作。浙江岱山县就曾于2019年在乡村民宿进行过可视化厨房的推广。这些可视化厨房内的摄像头可以记录后厨重点监管区域的卫生、消毒情况，直接通过电子设备在线监督弥补往常食品安全监管的短板。2020年4月30日，贵州省市场监管局下发了《省市场监管局2020年“文明在行动•满意在贵州”活动暨旅游市场专项整治实施方案》，对全省旅游市场开展专项整治工作，重点突出对包括民宿在内的场所经营资质、食品安全、卫生条件等进行监督检查，严厉查处非法经营来源不明的水生动物、加工销售野生动物、销售过期变质食品、“三无”食品等违法行为，督促食品经营单位履行食品安全主体责任，规范食品经营行为，取得了一定成效。而黑龙江省市场监督管理局也针对旅游价格、食品安全、旅游安全、旅游合同等方面开展“市场监管护航冬季旅游百日行动”，旨在倡导全民参与民宿监管。

3. 治安监管

2019年7月，由文化和旅游部新修订的《旅游民宿基本要求与评价》对于民宿进行了治安的相关规范。2019年6月15日，山东省济南市出台《济南市民宿管理办法》，该办法在对民宿治安管理上把民宿作为特种行业来进行管理，与旅馆业有相似的治安管理方式 。但是总体来看，关于民宿治安管理问题，大多数地方仍未做明确要求，而仅是延用旅馆的治安管理办法，重视性与针对性稍显不足。鉴于此，为了增强震慑力，2020年4月30日，贵州省市场监管局下发了《省市场监管局2020年“文明在行动•满意在贵州”活动暨旅游市场专项整治实施方案》，对全省旅游市场（包括民宿）开展专项整治工作，加强案件督查督办和区域执法协作。做好市场监管行政执法与刑事司法的衔接工作，对涉嫌犯罪的案件，及时按规定向公安机关进行通报、移送。对违法典型案例，及时向社会公开，起到保护消费者、威慑违法者的作用。

四、旅游民宿市场监管存在问题及原因分析

（一）法律法规体系不健全

我国民宿起步较晚，民宿监管也尚处于探索阶段。在民宿相关管理条例、规章制度以及法律体系方面十分不完善，缺少能够直接进行对民宿起到监督和指导的法律法规。目前，我国大部分民宿行业是民宿主自发申请建立民宿并经营，但民宿处于旅游业与酒店业的重合交叉地带，旅游业与酒店业的现行法律法规并不能对其进行精准规范与指导。在整个民宿经营过程中，民宿业主与游客以及其他业主之间的矛盾（如在民宿初期的快速扩张与发展中，可能存在部分业主私自扩建房屋，破坏生态环境的情况或者是侵犯其他业主的权益，影响邻里和谐）等尚无明确的法律法规来处理，不利于游客、民宿业主和其他业主的权益保障。

总体来看，目前中国旅游民宿仍处于迅速发展阶段，但民宿监管明显跟不上旅游民宿迅速崛起发展的速度，监管落后与发展。而这首先源于监管法律法规的缺位，为促使旅游民宿的可持发展亟须建立健全我国旅游民宿监管的法律法规体系。

（二）监管主体、监管方式存在不足

一是监管主体庞杂，无序监管不成体系。民宿产业作为产业融合的新兴业态，涉及产业众多，经营范围广泛，涉及的监管部门也数量众多。根据目前已经出台的民宿监管规章制度，在民宿经营过程中涉及的监管部门主要包括公安、文化和旅游、市场监督管理等十几个部门，对民宿经营中的各个环节进行全过程监管。但是由于缺乏专门负责民宿监管的部门，所以各部门只是单一的负责本部门职能相关事务，与其他部门之间缺乏有效沟通与交流，导致整个监管过程复杂无序，甚至存在职能交叉时，监管主体互相推诿，最终导致监管缺失、民宿经营混乱、质量参差不齐。

二是监管模式单一。由于我国民宿行业起步较晚，缺少符合国情的民宿监管模式借鉴，现存的监管模式多半采用酒店类标准，通常以检查经营许可证等方式监管民宿准入，以接受举报电话后，突击检查民宿内部设施以及安全情况，以罚款、勒令补办相关证件及强制关闭等为处罚措施，缺少奖励机制、社会公众监督、动态监管等方式。这种单一严格的监管模式，不仅监管效果不佳，很难促进民宿创新发展，甚至可能会抑制民宿个性化、多样化发展。鉴于此，亟须开拓多样化监管模式，活跃旅游民宿产业市场。

三是民宿主体之间的法律责任不明确。目前来看，民宿的监管主体应包括民宿经营者以及民宿共享平台，故监管部门应分别对平台与民宿经营者进行相关监管，从民宿主体整体把控。但是由于民宿产业的特殊性，民宿经营主体通常与民宿平台紧密相关，经营业务高度相连，导致民宿主体间的法律责任不明确，双方在遇到问题时存在互相推卸责任。如民宿共享平台承担着审查民宿经营主与民宿消费者双方信息真实性的责任和义务，但是由于缺少相关法律条例来监督民宿平台审查的规范和落实，导致很多民宿共享平台不审查直接接纳民宿到平台，而最终承担法律责任的只有实体民宿，没有任何监管条例来处罚平台的不尽责。另外，当民宿经营者与民宿消费者双方发生交易冲突时，平台作为第三方中间者是否应该承担相应责任的规定也不明确。总体来说，目前我国旅游民宿市场中各民宿主体之间的法律责任不明确，导致实际的监管过程难以进行，难以促进民宿产业有序长久发展。

（三）相关配套机制不健全

目前，我国各地对于旅游民宿的发展虽已开始重视其监管，但是由于缺少明文规定来统一标准，所以各地关于民宿的监管多是各自为政，缺少合力，究其原因还是国家在民宿监管相关配套机制设置不健全。在民宿的准入、运营过程监管、奖惩机制、解决纠纷机制以及市场退出制度等相关配套机制上，国家尚无统一标准，使得地方发展混乱，监管不成体系，不利于统一监管。

一是市场准入退出制度不健全。首先，目前的民宿多半是由民宿主将自己闲置的房屋申请改造为接待民宿消费者的形式，但是由于民宿市场准入制度的缺陷，对民宿的审查要求相对简单，导致民宿质量良莠不齐。同时，由于互联网的快速发展与普及，第三方在线平台成为旅游民宿最为主要的宣传营销渠道之一，但是共享平台的准入要求更是参差不齐、规定不一，使得民宿平台监管难以合法化，民宿产业线上线下市场准入规范有待进一步严格明确规范。其次，由于行业的新兴性，我国目前仍缺少相应的民宿市场退出制度，各个地区的退出监管要求不一，没有严格的标准来规定几次处罚之后将强制退出市场，也没有明确标准来衡量在违法行为之后市场同不同意其退出，需不需要其承担更多的市场发展责任等，导致很多民宿经常是发生违法或纠纷后缴纳罚款或者补办相关证件后继续经营，没有从根本上正视自身所存在的问题，不利于民宿行业整体高质量发展。

二是运营机制不规范。目前的民宿在运营管理中，因为缺乏相关配套机制的约束，多存在运营理念趋利化、运营方式单一化、运营设施不完备以及运营安全难保障等问题。不利于民宿产业形象的建设，同时也扰乱了民宿监管的市场秩序。

三是违法处置与纠纷解决机制不完善。虽然关于旅游民宿的违法行为与纠纷事件层出不穷，但是不同地区对于解决纠纷与处置违法情况各有不同。通常是发生纠纷后协调解决，发生违法情况后依法对其进行经济处罚，缺少相关的法律配套机制来统一标准对其进行约束与监管，导致目前民宿监管情况日益复杂，监管难度增大。

五、国外的旅游民宿监管模式与借鉴

（一）国外旅游民宿监管模式分析

1. 美国

美国很早就出现了民宿市场，并依靠 Airbnb 等短租平台迅速扩大。但不同的州、市在民宿管理方面，相关规定不尽相同，且这些法规处于不断的修订和完善中。如纽约州早在 2010 年即禁止将公寓用于整体短租，但 6 年后修订法案，明确了整套房屋出租一个月的行为属于违法行为，并规定了具体的惩罚措施。2014 年，俄勒冈州波特兰市议会规定允许短租合法化。2015 年 2 月，田纳西州纳什维尔则通过创建了“短租房”实现这一分类的规范化管理，要求办理许可证并提供保险证明，对民宿的范围限制和开办要求也作出了规定。旧金山则要求民宿出租人须向政府行政部门登记并取得相应的短租许可，规定税率按照酒店税率上缴等。芝加哥于 2016 年 6 月通过法律要求了 OTA 平台上注册的房主于所在地的税务义务和房源数量限制。

2. 英国

英国民宿出现于 20 世纪 60 年代，主要是乡村提供住宿和早餐的形式为客人提供服务。2014 年，英国政府开始从制度层面支持民宿产业发展。而 2015 年新颁布的《家庭共享法》则更加扩大了投资者进入行业的可能性。依据该法规定，伦敦居民如果将其住宅用于民宿经营，在短租时间少于 90 天的情况下，可以不用获得许可证。同时，为了进一步促进行业的发展，英国政府对于民宿的税收有很大优惠，保险公司也应政府引导为民宿提供了特定保险服务。

英国的主管部门对于民宿的经营条件具有严苛的规定，要求民宿加强防火设施建设，客房房间使用防火门等。英国主管部门还制定各种法规加以规范，包括室内改装许可、食品卫生查核、税额标准等，并且大多民宿将客容量设置于 6 人以下；同时英国民宿协会的存在起到了整个行业的保障，其充当了一个连接政府和从业者的角色，为双方提供建设性意见。在评级方面，英国参考了旅馆的分级方式，将民宿分为四个等级，每年以不告知方式进行核验。

3. 日本

日本民宿的发展历史可以追溯到 20 世纪 60 年代。其行业内最大的特点即监管严格。正是严苛的培训和审查制度造就了如今享誉世界的日本民宿业。虽然有如此严厉的规定，一些非法经营的民宿仍活跃在市场，为了更好解决此类问题，2018 年，日本观光厅公布了《住宅宿泊事业法实施细则》和《国土交通省住宅宿泊事业法实施细则》。民宿新法最大的特点，就是创新性地提出了“登记型民宿”概念：只需要符合民宿新法的相关规定，以及涉及卫生、住客信息等相关方面具体要求，就可以暂时营业180天。虽然民宿的市场标准有所放宽，但政府也由此加大了对非法民宿的打击力度，对违法的OTA平台进行排查，最终使得日本在短时间内反而出现民宿数量减少的情况。

（二）借鉴与启示

从上述民宿发展相对成熟国家经验来看，我国可以从加强监管严格度与鼓励平台用户评价等方面借鉴和学习。

首先，我国应继续加强民宿监管严格度。在获取民宿经营资格方面，虽然我国不适用像日本一样的备案与许可证相结合的监督管理方式，但利用平台协助税收缴纳方面仍值得学习和借鉴。虽然每个国家的民宿风格不尽相同，但综上可见，都具有清晰的等级制度，按我国国情适当分类分级势在必行。

其次，应鼓励加强平台用户的评价，侧面补充政府监管。如今借助互联网的传播迅速、覆盖面广等特点，各类OTA平台迅速兴起，用户进行住房源的评价等系列发声可以消除部分信息不对称问题，增加用户对平台及民宿的信任感。同时，也可一定程度上补充政府的监管盲区，形成独有的“社区”，更好地保障游客权益，促进民宿健康、可持续发展。

六、旅游民宿发展趋势预测及市场监管措施

（一）旅游民宿市场发展趋势预测

1. 民宿行业集中度将进一步提升

新冠肺炎疫情危及中小型旅游企业，同时推动了文旅住宿行业市场格局发生变化，行业集中度有望提升，市场资源向集团、巨头企业倾斜，民宿行业也将加速品牌化、连锁化进程。单体民宿因规模小、知名度低，难以在短期内获

取用户信任，加之单体民宿的产品经营收入较为单一，导致其抗风险能力较弱。而此次新冠肺炎疫情将加速推动民宿连锁化。相比单体民宿，连锁民宿有诸多优势：拥有更专业的技术人才、宣传推广以及运营维护，运营能力更强，民宿知名度高，房东能力和民宿质量保障度高等。同时，连锁民宿拥有多个项目，产品供给端丰富，并设有统一的后台管理系统，会员体系建设完善，其生命力更强，疫情之后恢复速度更快。

2. 民宿产品细分类型持续涌现

在新冠肺炎疫情的催化下，众多民众有了新的消费需求，使得旅游民宿行业将衍生更多创新型细分类产品。在出游方式上，疫情后，中高端消费者更注重旅游安全与卫生，具备更高安全感和私密性的小团游、自助游、自驾游、定制游等将成为热门出游方式。在出游目的地上，短途旅游更受出游者喜爱，小众稀缺、新颖且人口密度低之地或将成为消费者出行的重要目的地。在旅游主题方面，疫情深化消费者对生活方式、健康的追求，因此富有生活体验性和成长性的旅游主题（如生态、康养、运动、亲子、户外活动）将会受追捧。在卫生安全与保险方面，消费者旅游安全意识提升，对旅游安全的投入将增加，并关注旅游目的地安全保障、卫生质量、交通情况等保障性信息。此外，疫情过后，消费者将更愿意额外支付酒店退订险作为旅游保障。在住宿设施方面，疫情结束后，高品质住宿设施将更受青睐，度假村、精品酒店、高端民宿等将成为消费者选择的主流。基于消费者需求的上述变化，民宿行业有望出现不同细分类型的"住宿 + 产品"，如生活方式类、家庭与亲子类、养生休闲类、艺术或运动体育类。

3. 民宿行业在线工具渗透率或将持续提升

疫情期间，旅游民宿品牌已推动部分业务"云"化。疫情之后，随着消费者线上工具使用黏性加深，旅游民宿行业线上工具的渗透率将有望持续提升。新冠肺炎疫情推动短视频、在线教育等在线 App 渗透率的快速增长，提升了消费者对线上工具的使用意愿。此外，疫情期间很多旅游民宿通过线上渠道进行宣传，通过网络直播等方式，提升品牌形象，维持客户关系，提升民宿热点并为疫情结束后正常营业积极准备。疫情结束后，消费者对在线 App 的使用习惯不会改变，而市场教育深化、使用黏性加深等因素将推动消费者在需求端对线上工具的接受度提高，而供给端、旅游民宿行业内各企业也应提升线上工具的使用率，以加强品牌营销、刺激消费意愿、提升服务效率。

4. 乡村民宿迎来发展契机

受新冠肺炎疫情影响，民众更加青睐休闲、安全的乡村生活，尤其是具备自给自足特点的乡村院落。这对乡村民宿的发展是一个利好，尤其是小众旅行目的地会迎来一波“春天”。同时，在乡村振兴方面，自 2018 年以来，我国政府出台多项利好政策，大大加快了乡村民宿的发展。基于此，可以预见，未来乡村民宿将进一步发展，发展前景良好。

5. 民宿行业监管体系更为完善

每个行业的繁荣发展都离不开完善的法律法规支撑，而民宿行业目前尚缺乏一套完善的监管体系。任何行业的监管发展，都是从探索到成熟，从粗略到细节，都需要时间来发展与完善。对于新兴的民宿行业，目前存在的监管概念不清晰、监管过程不规范、监管效果不到位等问题已属常态现象。虽然 2019 年文化和旅游部发布了新版《旅游民宿基本要求与评价》，但民宿产业距离真正的规范化，仍有很长的路要走。作为全民可参与的行业，民宿行业对国家稳就业、促经济有着积极的作用。故随着国家乡村振兴战略的实施、文旅融合的趋势不断提升，旅游民宿监管体系将有望加速提出，监管侧合规化也有望再加速。

（二）旅游民宿市场监管措施

虽然近年来我国旅游民宿市场飞速发展，但与发达国家相比仍存在一定差距。我国旅游民宿市场若要进一步发展，离不开政府及相关部门的引导和扶持。

1. 提高立法层级，完善法制体系

一是国家层级要出台相应法律法规。从国家层面制定民宿监管相关法律条例，建立健全治安管理、卫生监管等制度。国家层面的法律规定以指明方向为主，不宜过细。在制度规定上应留有一定的创新空间，可强制性规范民生、社会安全因素相关问题及惩戒措施，但对经营模式和交易方式留有空间。需要指出的是，国家层面在做好顶层设计的同时，也应科学统筹规划民宿市场的未来发展。既要促进民宿行业健康发展，也要考虑民宿行业的特殊性，做到监管与发展创新并重。具体而言，即一定要明确民宿准入退出制度、民宿运营过程、民宿监管部门职能落实、民宿主体责任等相关方面的法律，做到民宿发展与监管有法可依。

二是地方层级要因地制宜形成地方的法律法规体系。在国家统一的立法框架内，结合地方实际尽快完善地方立法。首先，应明确民宿准入制度。各地应充分结合本地实际，赋予地方自治单位准入批准权力。规定明确的准入标准，在准入信息中登记民宿建筑面积、房间数量、装修、安全性能等情况。其次，应明确民宿经营范围。许多民宿不局限于提供住宿服务，也会涉及餐饮及其他娱乐服务，故对超出基础经营范围的商户应进行备案登记管理等。

2. 明确监管模式、责任主体及主体责任

民宿产业的健康可持续发展离不开监管主体的落实、监管模式的创新以及民宿主体的担责。面对我国民宿监管主体责任不明确、监管模式单一的问题，必须建立具体规则来进一步深化民宿监管。

首先，应设立专门的民宿规划发展小组，统一协调各相关部门监管职能与范围。同时，应明确各部门具体责任，简化与统一监管程序，真正做到民宿准入、运营、扩张与退出等各个环节都有具体部门负责监管，严格将监管落实到民宿发展的各个阶段。

其次，应完善民宿监管模式。创新民宿监管的具体方式，多样化灵活监管，不能让部分民宿钻监管模式单一的空子。建立全方位民宿监管体系，建立政府 + 协会、平台 + 民宿主 + 消费者、社会公众第三方监管的各方参与的全方位监管模式。政府与行业协会互相合作，从行政与行业层面对民宿进行根本监管；平台与消费者共同监管民宿主，完善平台评分机制与消费者评价机制，从市场方面监管民宿提高质量合法经营；同时，完善社会公众第三方监管机制，健全举报系统，简化举报流程，完善社会公众监督奖励机制等鼓励社会公众积极参与民宿监管。最终，汇聚民宿线上线下、部门协会、社会公众共同监督的大合力，形成高效简约且形式多样化的监管模式。

最后，应明确民宿主体的法律责任。国家应出台政策法规，明确民宿经营者应具备的条件，在经营过程中应如何运营管理。同时，也应规定民宿共享平台的责任，如审查责任、监督责任等。只有民宿主体责任明确了，才能更直接、有效地真正促进民宿行业的健康可持续发展。

3. 完善相关配套机制：准入退出机制、纠纷处理机制、自我监管机制、奖惩机制

一是应健全民宿市场的准入退出机制。由于民宿主体的多样性，在民宿市场准入退出规定方面应针对不同主体来进行分类监管，明确不同主体之间的法律责任和准入规则。首先是对于民宿共享平台的准入退出监管。民宿共享平台必须具备企业法人的资格，同时还应具备较强的信息保护以及信息传递的能力、责任承担能力以及监管审查民宿参与者的能力，才能进入市场。对于民宿共享平台的退出，政府应当监管其是否存在与民宿参与方的纠纷事件，避免其损害民宿参与方的利益和财产安全。其次是对于民宿经营者的准入退出监管。在市场准入方面，应该经过经营者本人的资格、民宿房源的质量、相关利害关系人同意等条件审查之后才可以进入民宿市场；在市场退出方面，应审查其有无民宿纠纷、是否完成纳税等责任之后，经民宿共享平台同意之后方可退出民宿市场。

二是应完善奖惩机制。奖罚分明才能有效刺激高质量民宿进一步发展，规避低质量民宿继续扰乱市场环境。建立全方位混合监管模式，就应做到大事小事有奖有罚，将奖惩机制落到实处，实施到细节。首先，文旅、税务以及公安等相关部门必须明确各自监管责任，建立详尽的奖惩规定。对于依法经营、积极配合的民宿主予以经济及荣誉奖励，同时可以树立优秀民宿典型，鼓励其他民宿向其学习借鉴；对于游走于灰色地带、损害他人及社会利益的民宿，则应予以严厉打击。其次，行业协会内部应建立诚信评价机制。对民宿日常运营进行监管，对严重违法类民宿应将其列为民宿黑名单，不允许其继续损害市场环境，防止其钻法律空子，在市场根源上监管其运营。最后，第三网络平台也应有明文规定的奖励惩罚制度。对于信誉度高的民宿，平台可予以更多宣传、选评平台明星民宿等奖励措施；对于缺乏诚信、不合规经营的民宿，平台有权对其进行下线整改，限制其在网络继续宣传。

三是应加强民宿行业自我监管。民宿业应成立行业协会，由各民宿经营者共同加入，以实现民宿行业的自我监管。而要真正发挥民宿行业协会的作用，须选出民宿经营代表管理民宿日常经营过程中的小问题，让民宿行业协会成为辅助政府监管的得力助手。具体而言，民宿行业协会可以承担部分细致的指导工作和监管工作，包括民宿业投诉及建议处理工作、民宿业主培训工作、民宿最新监管条例学习等，发挥民宿经营者与政府部门的桥梁纽带作用。需要指出的是，社会监管向来是各行各业参与最多、最不容忽视的监管力量，同样地，社会监管也是民宿业监管中的中坚力量。故应大力鼓励广大基层群众自治组织（如村委会和居委会）参与到对民宿行业的监管，定期派志愿者对辖区范围内的民宿进行日常监督管理工作，为政府部门分担工作量的同时，也能方便及时发现和解决民宿经营中的问题。

参考文献

[1]赵欢欢.乡村振兴背景下农村闲置住房发展民宿的法律规制[J].湖北经济学院学报（人文社会科学版），2020，17（1）：111–114.

[2]魏欣宁.图解：旅游民宿有了首个国家级标准[N].人民网–旅游频道，2017–08–24.

[3]中华人民共和国文化和旅游部.文化和旅游部关于发布旅游行业标准《旅游民宿基本要求与评价》第1号修改单的公告[EB/OL].https://www.mct.gov.cn/whzx/bnsj/jdgls/202103/t20210331_923434.htm，2021–03–31.

[4]章文华.我国民宿的监管问题研究[D].苏州大学，2019.

[5]耿卫华，艾苏波，王勇.疫情防控背景下线上短租行业监管中存在的问题及对策[J].中国市场监管研究，2020，4（6）：66–68.

[6]檀杰涛.乡村振兴背景下民宿发展的问题与对策分析[J].农村经济与科技，2020，31（19）：86–87.

[7]董书霞.文旅融合背景下天津市乡村民宿发展研究[J].环渤海经济瞭望，2020（6）：89–91.

[8]李欢欢，李伟康.共享经济背景下民宿特色化发展研究[J].合作经济与科技，2021，4（6）：15–17.

[9]中华人民共和国财政部.国务院办公厅关于加快发展生活性服务业促进消费结构升级的指导意见[EB/OL].http://www.gov.cn/zhengce/content/2015–11/22/content_10336.htm，2015–11–22/2021–07–15.

[10]国务院办公厅.中共中央、国务院关于落实发展新理念加快农

业现代化实现全面小康目标的若干意见［EB/OL］. http://www.gov.cn/zhengce/2016-01/27/content_5036698.htm，2016-01-27/2021-07-15.

［11］龙飞，刘家明. 国内民宿研究现状与未来展望［N］. 新旅界，2019-10-14.

［12］公安部. 旅馆业治安管理条例（征求意见稿）［EB/OL］. https://www.mps.gov.cn/n2254536/n4904355/c5632516/content.html，2017-02-10/2021-7-12.

［13］中华人民共和国国家旅游局. 旅游民宿基本要求与评价（LB/T 065-2017）［EB/OL］. http://zwgk.mct.gov.cn/zfxxgkml/hybz/202012/t20201213_919343.html，2017-08-21/2021-07-12.

［14］国务院办公厅. 关于促进全域旅游发展的指导意见［EB/OL］. http://www.gov.cn/zhengce/content/2018-03/22/content_5276447.htm，2017-08-21/2021-07-16.

［15］中华人民共和国国家旅游局. 国务院办公厅关于印发完善促进消费体制机制实施方案（2018—2020年）的通知［EB/OL］. http://www.gov.cn/zhengce/content/2018-10/11/content_5329516.htm，2018-10-11/2021-7-12.

［16］国务院办公厅. 中共中央、国务院关于落实发展新理念加快农业现代化实现全面小康目标的若干意见［EB/OL］. http://www.gov.cn/zhengce/2016-01/27/content_5036698.htm，2016-01-27/2021-07-15.

［17］厦门市人民政府. 厦门市关于进一步促进休闲农业发展的意见［EB/OL］. http://www.xm.gov.cn/zwgk/flfg/sfbwj/201506/t20150603_1125147.htm，2015-06-03/2021-07-16.

［18］浙江省文化和旅游厅. 浙江省旅游条例［EB/OL］. http://ct.zj.gov.cn/art/2015/9/25/art_1229135376_627240.html，2015-09-25/2021-07-16.

［19］重庆市人民政府. 重庆市人民政府办公厅关于加快乡村旅游发展的意见［EB/OL］. http://www.cq.gov.cn/zwgk/zfxxgkml/szfwj/xzgfxwj/szfbgt/201607/t20160712_8837490.htm，2016-07-12/2021-07-16.

［20］北京市人民政府. 北京市旅游条例［EB/OL］. http://www.gov.cn/

xinwen/2017-11/23/content_5241802.htm，2017-11-23/2021-07-16.

［21］海南省旅游和文化广电体育厅．乡村民宿服务质量等级划分与评定（DB46T 460-2018）［EB/OL］．http://lwt.hainan.gov.cn/rdztjs/yjzrdzt/lybz/lybz/lyysxtbz/lyzsbz/201808/t20180806_2438936.html，2018-08-06/2021-07-19.

［22］成都市人民政府．成都市人民政府办公厅关于促进民宿业健康发展的指导意见［EB/OL］．http://gk.chengdu.gov.cn/govInfoPub/detail.action?id=105664&tn=6，2019-04-02/2021-07-16.

［23］石闯．重庆民宿，“野蛮生长”背后的困局［N］．澎湃新闻，2020-09-21.

［24］重庆市物业管理协会．重庆市物业管理条例（修订草案）［EB/OL］．http://www.cqpma.com/rdzx/2019/1204/991.html，2019-12-04/2021-07-16.

［25］北京市文化和旅游局．乡村民宿服务及评定（DB11/T 1752-2020）［EB/OL］．http://whlyj.beijing.gov.cn/zwgk/zxgs/dfbz/202012/P020201230619139716143.pdf，2020-12-30/2021-07-16.

［26］吴啸浪．共享住宿业升温 行业发展亟需建立三个机制［N］．金融界，2020-08-11.

［27］北京市人民政府．关于规范管理短租住房的通知［EB/OL］．http://www.beijing.gov.cn/zhengce/zcjd/202012/t20201225_2185665.html，2020-12-25/2021-07-18.

［28］中华人民共和国国家旅游局．各地文化和旅游系统积极部署新型冠状病毒感染的肺炎疫情防控工作之二［EB/OL］．https://mct.gov.cn/whzx/whyw/202001/t20200127_850577.htm，2020-01-27/2021-07-19.

［29］中华人民共和国国家旅游局．关于支持新业态新模式健康发展 激活消费市场带动扩大就业的意见［EB/OL］．http://www.gov.cn/zhengce/zhengceku/2020-07/15/content_5526964.htm，2020-07-15/2021-07-19.

［30］檀杰涛．乡村振兴背景下民宿发展的问题与对策分析［J］．农村经济与科技，2020，31（19）：86-87.

［31］孙新见，柯冬英．我国民宿产业的发展及其法律规制问题研究［J］．中国领导科学．2016（12）：43–45.

［32］梁雅瑞．我国民宿行业监管法律问题研究［D］．山西大学，2020.

［33］章文华．我国民宿的监管问题研究［D］．苏州大学，2019.

［34］徐亦童．中美民宿短租多边平台的法律规制比较与完善［D］．华东政法大学，2018.

［35］刘益良，冯鹏程．美国，香港地区房地产经纪法律制度及其启示［J］．面向 21 世纪的房地产经纪业——全国房地产经纪行业发展峰会论文集，2006.

［36］张昕．美国房地产经纪制度特点及其对我国的启示［J］．价格理论与实践，2014（1）：111–112.

［37］王雷涛．我国民宿共享短租监管法律制度研究［D］．广西师范大学，2018.

［38］叶振强．乡村民宿规范化管理研究［D］．西北农林科技大学，2019.

［39］百度文库.2020 年疫情后文旅住宿行业发展白皮书［EB/OL］．https://wenku.baidu.com/view/6db86f8dacaad1f34693daef5ef7ba0d4a736d9f.html，2020–06–22.

［40］环球旅讯．后疫情时代 –2020 年民宿行业发展趋势展望报告 – 美团民宿．https://doc.xuehai.net/bbae3521fd59df5148f2a0c1d3505e3c7624e0549.html，2020–05–01.

［41］姚瑶．中国共享民宿的制度规制路径探析［J］．行政管理改革，2018，110（10）：48–52.

［42］张东阳．“刷”出来的网红民宿该进“黑名单”［N］．中国商报，2018–10–10（2）.

［43］汪灏．发展高端民宿产业，促进乡村产业振兴［N］．成都日报，2018–9–19（11）.

［44］梁雅瑞．我国民宿行业监管法律问题研究［D］．山西大学，2020.

[45]吴丽云，阎芷歆，高珊．高品质供给，让国内游市场“旺丁又旺财”[N]．中国文化报，2020-10-17(004)．

[46]吴丽云，林婉钊．“微旅游”经济效应并不“微”[N]．中国文化报，2021-10-09(003)．

[47]吴丽云．线上云旅渐成风尚 深化发展仍在路上[N]．中国旅游报，2020-05-07(003)．

[48]吴丽云．打造数字文旅 推动产业高质量发展[N]．中国旅游报，2021-03-09(003)．

[49]李文才．海南自由贸易港税收政策对旅游业的影响研究[D]．海南热带海洋学院，2020.

[50]中国国家标准化管理委员会．旅游景区质量等级的划分与评定：2003.

[51]黄大勇，陈芳．国内外旅游满意度研究综述[J]．重庆工商大学学报(社会科学版)，2015(32)：49-55.

[52]张晶．酒店服务与管理专业开设食品安全与营养课的重要性——酒店食品质量安全控制与管理．中文科技期刊数据库(全文版)教育科学，2016：1.

[53]薛丽．“互联网+旅游”背景下旅游业新型监管模式研究[J]．中国行政管理，2018(5)：59-62.

[54]王德刚．加强综合监管执法 为假日旅游保驾护航[N]．中国旅游报，2019-02-15(003)．

[55]李志刚，刘亚子，陈熠瑶．加强旅游市场执法 助力复工复产复业[N]．中国旅游报，2021-06-24(001)．

[56]钟宪章．互联网安全需要法治呵护[N]．人民日报，2015-12-09(018)．

[57]龚冬梅．论旅游行业自律体系的构建[J]．哈尔滨学院学报，2019，40(3)：43-46.

［58］丁宁，李志刚，边锋，王赵洵．信用监管效能提升 助力旅游市场有序复苏［N］．中国旅游报，2021–05–19（001）．

［59］罗峰．完善行业自律管理机制 促进在线旅游规范发展［N］．中国旅游报，2019–10–18（003）．

［60］王文华．山西强化旅游服务质量监管［N］．中国旅游报，2021–07–13（002）．

［61］余有勇．海南省旅游公共卫生安全监管现状及提升策略研究［J］．商业经济，2021（4）：21–24.

［62］薛澜，张帆．推广“双随机、一公开”机制完善监管改革［N］．经济日报，2016–10–30（003）．

［63］郜钰钊，张颖淳，杨景云．我国“吹哨人”制度的现状及对策研究［J］．财富时代，2021（7）：56–57.

［64］戴先任．遏制旅游乱象呼唤“吹哨人”［N］．人民法院报，2021–04–19（002）．

［65］王天星．完善机制创新方式 提升信用监管能效［N］．中国旅游报，2021–04–08（003）．

［66］周莉．上海：建立“四位一体”旅游市场信用监管体系［N］．中国旅游报，2021–07–12（003）．

［67］文化和旅游市场信用和质量工作典型案例展示（三）［N］．中国旅游报，2021–07–14（003）．

［68］曾博伟．山西：加强制度系统集成 助推高质量发展［N］．中国旅游报，2021–07–16（004）．

［69］丁志帆，王朝明．“零负团费”治理困境的破解之道——基于巴泽尔产权理论的分析［J］．郑州大学学报（哲学社会科学版），2013，46（2）：69–74.

［70］李志刚．2020年旅游投诉分析报告显示：为游客赔偿经济损失金额同比增长165.67%［EB/OL］．（2021–02–08）.https://www.mct.gov.cn/whzx/

zsdw/lyzljdgls/202102/t20210208_921453.htm.

［71］封福霖．基于演化博弈的旅游市场监管机制［J］．营销界，2020（2）：172–173.

［72］姜秀谦，刘应杰，张占斌．我国旅游业体制改革创新研究［M］．北京：人民出版社，2015（11）：112.

［73］戴志强．旅游大数据商业化应用中的游客隐私保护研究［J］．福建电脑，2020，36（8）：50–52.

［74］杨彦锋．明确旅游平台责任 监管大数据杀熟等热点问题［EB/OL］．（2020–09–03）．https://baijiahao.baidu.com/s?id=1676779016778730733&wfr=spider&for=pc.

［75］翁祖亮，谢卫群．以智能监管提升精细化水平［N］．人民日报，2019–11–01（005）.

［76］吴晶妹．加快构建以信用为基础的旅游市场监管机制［N］．中国旅游报，2021–05–27（003）.

后　记

本书受北京第二外国语学院科研处资助，系国家文化和旅游部首批文化和旅游行业智库试点单位研究成果。本书由首批文化和旅游行业智库试点单位北京第二外国语学院中国文化和旅游产业研究院组织，邀请了来自香港理工大学、中国劳动关系学院、四川农业大学、中瑞酒店管理学院等院校的专家共同参与编写。本书聚焦我国旅游市场发展及市场监管，在系统梳理国内、国际旅游发展现状及我国旅游市场监管总体情况的基础上，对《文化和旅游部关于加强旅游服务质量监管 提升旅游服务质量的指导意见》中所提及的旅游景区、旅行社等五类旅游市场主体的市场监管分章论述，以期为我国旅游市场监管提供智力支持，为行业从业者、旅游研究者提供运营和研究参考。

全书由邹统钎、吴丽云共同设计框架并统稿，由吴丽云统稿，各章分工如下。

第一章　国内旅游市场现状及趋势

吴丽云、郭杨、林婉钊、张昕丽

第二章　国际旅游市场现状及展望

邹统钎、张梦雅、苗慧、邱子仪、仇瑞

第三章　旅游市场监管总报告

吴丽云、徐嘉阳、阎芷歆

第四章　旅游景区市场监管

李艳

第五章　旅游酒店市场监管

吴琼瑶、王云静

第六章　旅行社市场监管

王惠静

第七章　在线旅游市场监管

李颖、高菲、郭昱锟、张舒惠、曹嘉祺

第八章　旅游民宿市场监管

翟向坤、郭凌、黄丹、何沁林

受时间和作者能力所限，书中不足之处在所难免，敬请广大读者批评指正！

2021 年 10 月 9 日

项目策划：段向民
责任编辑：武　洋
责任印制：孙颖慧
封面设计：武爱听

图书在版编目（CIP）数据

中国旅游市场发展与监管报告. 2021 / 邹统钎，吴丽云主编. -- 北京 : 中国旅游出版社，2022.1

文化和旅游部首批文化和旅游行业智库试点单位研究成果

ISBN 978-7-5032-6917-2

Ⅰ. ①中… Ⅱ. ①邹… ②吴… Ⅲ. ①旅游市场－经济发展－研究报告－中国－2021②旅游市场－市场监管－研究报告－中国－2021 Ⅳ. ①F592.6

中国版本图书馆CIP数据核字（2022）第017641号

书　　名：中国旅游市场发展与监管报告（2021）

作　　者：邹统钎　吴丽云　主编
出版发行：中国旅游出版社
（北京静安东里6号　邮编：100028）
http://www.cttp.net.cn　E-mail:cttp@mct.gov.cn
营销中心电话：010-57377108，010-57377109
读者服务部电话：010-57377151
排　　版：北京旅教文化传播有限公司
经　　销：全国各地新华书店
印　　刷：北京明恒达印务有限公司
版　　次：2022 年 1 月第 1 版　2022 年 1 月第 1 次印刷
开　　本：720 毫米 ×970 毫米　1/16
印　　张：11.25
字　　数：162 千
定　　价：59.80 元
ISBN　978-7-5032-6917-2
